WAC BUNKO

藤井厳喜

フォーキャスト2025

藤

JN196508

WAC

はじめに

本書は2025年の国際情勢を展望・予測《フォーキャスト》しようというものである。昨年出版した『藤井厳喜フォーキャスト2024』が幸い好評をもって迎えられたため、その続編として、上梓する運びとなった。

2025年のトレンドを大きく決定するのは、2024年11月の米大統領選挙におけるトランプの圧勝である。これによって世界のグローバリズム推進勢力は大きく後退し、国益を第一とするナショナリズムが世界の大きなトレンドとなることが決定した。トランプはなおも国内外でグローバリスト勢力と戦いを続けてゆかねばならないが、2024年11月の米大統領選挙の結果は、今後も永続的に国際情勢に大きな影響を与えてゆくだろう。ひと言で言えば、国境なき経済を推進するグローバリズムが後退し、国益を第一とするナショナリズムが台頭するのである。そして、世界は平和と繁栄の方向へ大きく動き出すだろう。マスコミの言うこととの正反対である。

2025年の具体的な予測のいくつかは、以下のようなことになるだろう。

1 アメリカではAIを中心とする新しい産業革命が起き、米国経済は新しい黄金時代《ゴールデンエイジ》を迎えるだろう。米株価は継続的に上昇するだろう。

2 世界は第3次世界大戦を回避し、大きく和平の方向に動くだろう。ウクライナ戦争は終結する。

3 中東においてもイスラエルとイランの戦争は回避されるだろう。その後、イスラエルとサウジアラビアの国交が樹立されるだろう。

4 国連、IMF、WTO、世界銀行、その他、国連傘下の国際機関の役割が大きく後退するだろう。G7、G20などの国際会議も同様である。これらの国際機関はグローバリズム推進のための組織に過ぎなかった。今後は2国間交渉が国際関係の秩序を主に形成してゆくことになるだろう。

5 チャイナ経済は大きく停滞し、今後も鎖国化の道を歩むだろう。

6 CO_2削減論は大きく世界的に後退するだろう。温暖化ガス削減に基づく、いわゆる「グリーン・レボリューション」は実体のないものであることが明らかになるだろう。

以上のような変化が予測できる。

なお、『藤井厳喜フォーキャスト2024』では、世界は主に3つの勢力によって動かされていると書いた。本書ではこれをバージョンアップし、国際情勢を4つの勢力の相克ととらえている（51頁参照）。しかし基本的なパラダイムは同一である。

グローバリズム推進の背後にあるのは、世界的なタックスヘイブン・ネットワークを牛耳る英国守旧派である。しかし、これは英国王室のことではない。英国王室の権威を使いながら世界の脱税ネットワークを支配する経済勢力のことである。タックスヘイブン・ネットワークは主に、旧英国系植民地を中心に組織されている。

筆者の情報配信は、主に有料の映像配信サービス「ワールド・フォーキャスト（販売元：ダイレクト出版）」によって行なわれている。最低月3回以上の配信であり、国際経済に重きを置いているところから、投資家や経営者に重宝されている。これさえ見ておいてもらえれば、世界経済の大きなトレンドを見逃すことはない。

ワールド・フォーキャスト〔月額：2、178円（税込）〕 http://dpweb.jp/wf2025

また、YouTubeでも啓蒙活動を行なっている（https://www.youtube.com/@WorldForecast）。

印刷物としては、年間20万円（税別）の会員制のケンブリッジ・フォーキャスト・レポート（CFR）を月2回ずつ発行している。

CFR問合せ先：(株) ケンブリッジ・フォーキャスト・グループ gemki.fujii7@gmail.com

２０２４年は日本・アメリカはもちろんのこと、世界的にもいわゆる、大手マスコミの機能不全が白日の下に晒《さら》された年であった。日本でも大手メディアだけ見ていたのでは、トランプ当選は予測できなかったし、ましてトランプ当選が持つ意味がまったく理解できないだろう。すでにアメリカでは、大手メディアが音を立てて崩れ始めており、メディア革命が進行中である。恐らく２０２５年は日本でも同様の事態が引き起こされるだろう。またそうならなければ、日本国民は国の内外で何が起きているのかまったく理解できなくなってしまうだろう。その意味で、２０２５年は日本にとっても大きな変化の年になる。

国際政治学者　藤井厳喜

藤井巌喜
フォーキャスト2025

◎目次

プ派／脅威を増すネオコン・グローバリストの影響力／「新・悪の枢軸」を唱える真の目的とは？／ハドソン研究所とローマクラブ／「ヘリテージ財団」の〝反トランプ〟からの転身は本当か／フェビアン協会は極めて怪しい組織／「保守派が気づいてももう手遅れだ！」／ユダヤ系がトランプ支持に変わった理由／エルサレムの米大使館問題がポイント

4章 欧州の惨状
――グローバル化で破壊された英国、フランス、ドイツ、EU

「グローバリズム」を否定せよ／タックスヘイブンはなぜ力を持っているのか？／「シティ・オブ・ロンドン」という迷宮／何が何でもシティの権益を守る／特権を奪われつつある英国守旧派／ハリスの背後に英国守旧派が／英国守旧派によるアメリカ乗っ取り作戦／カマラ・ハリスと不正選挙のつながり／労働党政権で英国はどうなる？／フランスは混迷の泥沼から抜け出せない／ルペンは期待できるのか／連立が崩壊したドイツの今後／メローニとオルバンが希望の星／欧州各国はEUグローバリズムに辟易している

編集協力／竹石健、アトリエねこがみさま
装幀／須川貴弘（ＷＡＣ装幀室）

序章

トランプ完勝で世界は「こう」変わる！

――圧勝の背景にあった〝すごい〟力

共和党の〝トリプル・レッド〟が意味するもの

2024年11月5日深夜、ドナルド・トランプの米大統領選勝利が決定した。当初は開票が長引くかと思ったのだが、筆者の予想通りトランプの圧勝であった。大統領選挙人数はトランプ：312人、カマラ・ハリス：226人。筆者が配信している有料の情報配信サービス「ワールド・フォーキャスト」では、各種世論調査の動向を踏まえて、10月28日に結果を予測《フォーキャスト》していたが、まさしくその通りの数字になった。しかも今回、「スイングステート（激戦州）」と言われた7つの州（ペンシルベニア、ジョージア、ノースカロライナ、ミシガン、アリゾナ、ウィスコンシン、ネバダ各州）をトランプがすべて制した。

実は選挙の最終盤では、今回最大の激戦州はニューヨーク州ではないかとも言われたほどだ。日本のメディアは「史上稀《まれ》に見る接戦」であり、ハリスが若干有利だと報じていたが、その予測は見事に外れたのである。ちなみにニューヨーク州でもトランプは健闘したが、残念ながら民主党の牙城《がじょう》を崩すことはできなかった。「地滑り的勝利」とはならなかったが、圧勝であることは間違いない。今後、ニューヨーク州は民主党の牙城でなくなる可能性もある。というのもトランプ票が大きく伸びており、次回の大統領選では共和党が同州を取るかもしれない。

トランプは大統領選挙人数だけでなく、一般投票数でも上回った。一般投票の数ではトランプが約７６８４万票、ハリスが約７４３１万票だから、約２５０万票以上の大差をつけたことになる。２０１６年にトランプが勝利したときは、一般投票でトランプはヒラリー・クリントンを下回った。そういう意味で、今回は一般投票数でも上回ったことの意義は重大だ。また、ハリスの獲得票の中には、相当数の不正票が含まれているだろうから、実際の票差はもっと大きかったに違いない。

さらに、上院で共和党が多数派を獲得した。米国の場合、上院は外交・安全保障を主に取り扱い、下院は予算審議で重きをなす。

トランプ共和党は下院でも多数派を維持した。予算案が通らないと、どんなにいい政策でも実行は困難だ。また、議会では1議席でも多いほうが委員会委員長の椅子を全て獲得できる。議長も出せる。

下院議長は非常に権限が大きい。米国の場合、言うまでもなく大統領の権限が最大で、行政府のトップであると同時に国家元首である。その下に副大統領がいて、副大統領は上院議長も同時に務める。もし、上院が50対50議席で割れてしまった場合は、最後は与党の副大統領が1票を投じるので、与党が必ず勝つことになる。

そして、それに次ぐ第三の重要人物が下院議長だ。予算成立に大きな権限を握っているばかりか、大統領継承順位の2位にいる。大統領に不測の事態が生じた場合、継承順位は副大統領、下院議長の順になっている。したがって、下院議長は非常にパワフルなポジションなのである。しかも委員会の委員長を独占できるので、議会の運営がスムーズに運ぶ。ホワイトハウス、上院、下院の3つを共和党が全て押さえたが、そのことを「トリプル・レッド」と呼ぶ。この結果、トランプ政権は望み通りの施策が実現可能になる。一般投票でも圧勝しているので、民主党もやすやすと反対はできないはずだ。

さらに重要なのは、上院議員にも下院議員にも、トランプ派が増えているということである。共和党の中には後述する「無国籍企業的グローバリスト」、つまり、国民より多国籍企業の利益を代表している人たちもいる。しかし今回、そういう連中の比率が減っている。つまり〝草の根保守〟であるトランプ支持派の議員が増えているのだ。

多くの共和党議員はトランプの推薦を望み、その結果、当選してきた。当然、トランプ路線に協力する。つまり今回の選挙は共和党が勝ったばかりではなく、トランプ派が増えたことが非常に重要な点だろう。

「民主党の不正選挙」を防ぐ仕組みが機能した

筆者は２０２４年の米大統領選では、「トランプの唯一の敵は不正選挙だけ」と主張してきた。前回、２０２０年の大統領選では、民主党は組織ぐるみで不正選挙を展開した。今回も特に影響力の強いロサンゼルス、シカゴ、ニューヨーク各市などで行なったと思われるが、限界があったように見受けられる。

というのは、今回は共和党やトランプを応援する人たちが各投票所に自主的に出向き、投票を監視するようなシステムを事前につくっていたからだ。前回は深夜、突然に「郵便投票」と称する票がどこからともなく現れ、それがカウントされて、バイデン票がトランプを抜いてしまう現象、いわゆる〝バイデンジャンプ〟が、幾つもの州であった。今回は、そんな不正ができないように共和党が準備したのだ。

機械による投票に関しても、後から数字を改ざんさせないよう監視するシステムを、トランプ陣営が築いてきた。全米で10万人単位のボランティアが監視する中では、さすがの民主党側も、伝家の宝刀である大規模不正選挙を実施することができなかったのである。

しかも覆面取材で有名な「プロジェクト・ヴェリタス」を設立したジャーナリストのジェームズ・オキーフが中心になってメンバーを組み、不正行為がなされていると聞きつけた投票所にすぐに向かい、動画、証拠写真をすべて撮影した。共和党は全国で500人の弁護士を用意し、どこかの投票所で不正があったらすぐに駆けつけ、記録を取る態勢を敷いた。そういう万全の態勢があったからこそ、これだけの結果が出たのだ。

トランプに追い風が吹いた

トランプが一般の予想をはるかに超える圧勝を果たしたのには、10万人のボランティアが「不正選挙を防いでアメリカンデモクラシーを守る。自由国家、民主国家アメリカを守る」という意識で行動したことが大きい。これは選挙戦以後の国家運営につながる。

そんなトランプ支持の盛り上がりは、選挙戦最終盤で起こった次のような出来事にも象徴される。

今、全米でもっとも人気を集めているトークショーのホストが、ジョー・ローガンだ。

全米で大人気のジョー・ローガン(左)の番組にトランプが出演。3日間で4000万回以上の再生数だった(画像:YouTube)

ローガンの番組登録者数はユーチューブやインスタグラムなど、総計7520万人を超え、ポッドキャスト(インターネットを通じて配信される音声や動画)は再生回数が常に数百万回にも上る。特に20代・30代の男性に人気が高い。2024年10月25日、ローガンの番組にトランプは出演し、3時間半にわたり縦横無尽にトークを繰り広げた。

トランプの出演は、メラニア夫人との間の息子で、大学生のバロン・トランプが父親に「ローガンの番組は全米の若い男性が聞いているから、ぜひ出演したほうがいい」と勧めたことがきっかけだった。トランプ以外に、副大統領のJ・D・ヴァンス、イーロン・マスクもその後に出演している。

ローガンは実はハリスにも声をかけていたのだが、ハリスは番組出演を拒否した模様だ。一方、トランプの出演回は、3日間で4000万回以上の再生回数を記録した。

ローガンはそもそも穏健リベラルで、かつては明確に反トランプだった。しかし、トランプの話を聞くうちに、「民主党政権のままだったらネットを通じた言論統制がますます厳しくなる」「民主政治が破壊される」と強く感じ、トランプ支持に変わったのだ。ローガンは格闘技団体UFCのリングアナウンサーもつとめているが、UFCのCEOのダナ・ホワイトはトランプ私邸に出向き、トランプの勝利宣言の後に、短い祝辞を述べている。

トランプのローガンの番組への出演が、有権者、特に若い世代の投票行動に大きな影響を与えたことは間違いない。逆に言えば、オールドメディア（新聞・テレビ）の影響力が弱体化したともいえる。後述するイーロン・マスクのツイッター買収も含めて、SNSでの言動が選挙戦を大きく左右することになったのが、2024年米大統領選の顕著な特徴だった。

国民の支持を失った〝極左〟の民主党

就任したトランプは即座に国境政策とインフレ対策に着手するだろう。バイデン政権の失政から、速やかにアメリカを立て直す仕事を米国民から託されたからである。

まずは国境政策。バイデン政権は国境管理を放棄して、違法移民を無制限に受け入れた。その結果、犯罪が増加し、一般の仕事を違法移民が奪ってしまう事態が引き起こされた。それで庶民の怒りが頂点に達したことが、今回のトランプ圧勝の要因につながっている。

経済対策、インフレ対策も重要である。賃金も上がったが、インフレも激しく、今の米国では中産階級がまともに暮らしていけない。バイデン政権下で「生活が苦しくなった」という声が多い。

トランプは「前の私の政権時代と今とどっちが生活が楽なんだ。今のほうが楽だという人はカマラ・ハリスに票を入れたらいい。だけど苦しいと思った人は俺に入れてくれ」と語っていた。まったくその通りである。

つまり、生活関連政策では国境問題と経済問題が大きかったのだが、「やはり民主国家アメリカ、自由なアメリカを守っていこう」という人たちが結集したことが、より大きな勝利の原動力だった。

そこで次の2人に注目したい。

ロバート・ケネディ・ジュニア（ＲＫＪ）とトゥルシー・ギャバードだ。

ＲＫＪは、今回の選挙に独立派の候補として立候補したのだが、とても勝ち目がないと、

2024年7月13日のトランプ暗殺未遂事件後にトランプと会談し、トランプ支持を表明した。RKJのおじのJ・F・ケネディ元大統領、父親のロバート・ケネディ元司法長官、ともに暗殺で命を落としている。

RKJはトランプとは意見がすべて一致しているわけではない。RKJはCO_2削減に積極的だが、トランプはそうではない。トランプは石油も天然ガスもどんどん使っていこうという考え方。

しかし、その意見の違いを超えても、「今ここでトランプが勝たなかったら米国は検閲国家になってしまう」ということで意見が一致した。

そこでRKJはトランプ応援のメッセージを発するだけでなく、実際に民主党の支持者に対して、「今回の選挙ではトランプに1票を入れてくれ」と、各地を運動して回ったのだ。

RKJは民主党の本流で、良心的な民主党員の流れを継いでいる。彼はケネディ家の名前を背負っており、また実際に弁護士として、医療過誤や薬害の問題などに積極的にかかわり、良心的な市民活動家弁護士として活躍してきた人物だ。国民的な人気も高い。

RKJが属していたかつての民主党は中産階級や勤労者たちの党であった。しかし今は様変わりしてしまい、RKJは「額に汗して働くアメリカ人の党であった民主党の伝統は

トランプ政権で活躍が期待されるロバート・ケネディ・ジュニア(写真:AFP/アフロ)

どこに行ったのだ」と、本来の民主党を取り戻すために、民主党の大統領候補を目指したのだ。

しかしバイデンは、RKJを怖れて、州ごとに行なわれる予備選挙の投票用紙にRKJの名前が載らないように画策し、予備選から締め出した。卑劣としか言いようがない。出馬して敗れたのならまだしも、バイデン一派が手を回し、民主党の地方組織に「彼の名前を予備選挙投票用紙に載せるな」と命令した結果、RKJは完全に排除されてしまった。

そこでRKJは「民主党はこれほどまでに独裁的な党になってしまった。民主党のデモクラシーはどこに消えたのか」と痛憤《つうふん》し、無所属で立候補を決めたのだ。

RKJとともに活動したのが、やはり元民主党の下院議員だったトゥルシー・ギャバードである。2020年の民主党大統領予備選挙にも立候補した女性だ。ハワイ出身で、サモア人の血が入っている。女性ながら軍歴を持つ退役軍人だ。彼女も「今の民主党は〝戦争屋〟の党だ」と語っている。戦争を起こす〝戦争屋〟の党になってしまったというのだ。反対にトランプは平和を守り、戦争を終結させるという、その姿勢に共感している。

ギャバードも、米国を独裁国家にしないため、民主党をやめ、共和党に入り、トランプ支持を宣言した。この元民主党の2人がトランプ支持に回った効果は小さくない。

RKJは特に健康問題、医療問題などに尽力しており、「米国人をもう一度健康にする」ことに力を注いでいる。食品添加物を食品に入れないこと、あるいは薬害や薬の規制などでトランプと話し合い、トランプを応援する、と明言したわけだ。

これが、今の民主党がいかに腐敗、堕落《だらく》した政党になってしまったかの明確な証拠ではないか。

またギャバードも前述したように「今の民主党は言論弾圧をする〝戦争屋の政党〟になってしまった」と語っている。

これは何を意味するか。ウクライナ戦争を仕掛け、ウクライナの若者を殺しながら、兵

民主党を見限り、トランプ陣営に入ったトゥルシー・ギャバード(右)(写真:AFP/アフロ)

器援助を行ない、米国の一部は儲けているのである。

つまり民主党は「あちこちで戦争を起こすような政権になってしまった」し、「民主党は、私が本来信じている自由、そしてアメリカ憲法、アメリカ独立革命の精神を継ぐ政党ではもうなくなってしまった」わけだ。だからギャバードもトランプ陣営に参加したのだ。

RKJといい、ギャバードといい、民主党から共和党に転向したのは何を意味するのか。今まで反トランプだった人たちがトランプ支持に回っているのは、いかにバイデン政権が、カマラ・ハリスという候補が米国にとって危険であるか、世界にとって危険であるかということを如実に現しているのだ。

露骨な民主党の言論統制

そして、2024年7月13日の暗殺未遂事件後、トランプ支持を声明したイーロン・マスク。財界の大物がトランプ陣営に加わってきたことの意味は実に大きい。

マスクは本来「無国籍企業的グローバリスト」であり、「もっとグローバルに商売できればいい」という主義である。実際に、マスクは民主党支持を自認していた。グローバルビジネスを展開しているので、ナショナリズムよりもグローバリズムに傾いており、「かつてはオバマに票を入れていた。なんとなくリベラルだった」とも本人が語っている。

しかし、「現在の米国を見ると、これが最後の米大統領選挙かもしれないという危機感を抱いた。カマラ・ハリスが勝ってしまったら、言論の自由のある選挙はできなくなってしまう。米国のデモクラシーを守るにはトランプしかいない」と、トランプ陣営に参加した。マスクとしては「自分自身の立ち位置は変わっていないつもりだ。だけど、民主党がどんどん左に、極左の方向に行ってしまった」というわけだ。

2024年10月5日、トランプの集会に初めてマスクが参加した。驚くほどの人数が集まっただけではなく、世界中で億単位の人たちが注視した。

なぜ、こんなことが起こったのか。やはりトランプとマスクのゴールデンコンビが実現したからにほかならない。この場で「今後の産業革命は自由な米国社会があって初めて可能なのだ」とマスクがはっきりと宣言したのである。

言論の自由のためにはトランプに勝ってもらわなければならない。社会主義者のカマラ・ハリスでは、これが潰《つぶ》されてしまうからである。

民主党の言論統制は以前から指摘されていた。マスクがツイッターを買収し「X」という新しい名前をつけたのは、言論の自由を守るためだった。

2016年の大統領選挙では、既存の大手メディアは、反トランプ、ヒラリー・クリントン支持の姿勢だった。今回もカマラ・ハリス一色だったが、2016年の大統領選挙の前日に「ニューヨーク・タイムズ」は、「明日、ヒラリー・クリントンが当選する確率は90%以上だ」と報じた。つまり、トランプが当選する確率は10%以下だと断言したのだが、それがひっくり返ってしまったわけだ。

当時の大手メディアは完全に左翼にコントロールされ、実質上の言論統制下にあった。「トランプみたいな奴は絶対に当選させない」という姿勢が露骨だった。

ところが、インターネットのメディアは自由であった。そこでトランプはツイッターを活用した。２０１６年の大統領選挙時、トランプにはフォロワー数が５０００万～６０００万人いたが、その後も順調に増え続けた。筆者も「トランプの発言を直接聞きたければ、トランプのX（旧ツイッター）をフォローしておけばいい」と紹介したことがある。ちなみに、今回の選挙では、トランプのXのフォロワー数は９５００万人に達している（２０２４年12月1日現在）。

ところが、２０２１年1月6日に米議会議事堂乱入事件が起きた。トランプが暴力を扇動したと非難され、罪に問われると同時に、そんな人間にSNSのアカウントを公開しないと、彼のツイッターやフェイスブックは完全にBAN（禁止）されてしまった。

この時点で、インターネットのメディア、SNSは既存メディアと同様に言論統制下に置かれることになった。検閲社会になり、自由に発言できる米国社会というものが消えてしまったのだ。

つまり、バイデン政権は「自分たちの推進したいグローバリズムとWoke《ウォーク》（進歩的社会統制）政策に反対する人間には言論の自由を与えない」という姿勢を明らかにしたのである。特定の人間に言論の自由を与えないのは、言論の自由が存在しないということと同じである。マスクはその重要性に気づき、ツイッターを買収したのだ。

マスクは今回、「トランプが当選しなければ、言論の自由がなくなってしまう」と訴えた。言論の自由が失われてしまえば、自由に投票できる投票権自体も否定されてしまう。つまり「デモクラシーの死」だ。

違法入国者の経済難民たちに即座に国籍を与え、即座に投票させ、彼らにカマラ・ハリスへの一票を投じさせようとするのが民主党である。そうすれば選挙で民主党は圧勝するだろう。一党独裁だ。

しかし、そんなことをしたら米国は終わってしまう。ところが、トランプは米国のデモクラシーそのものを守る戦いを展開しているのに、一般メディアは敵視する。一時的にはSNSまですべて敵になってしまった。

不正投票の結果、前回の大統領選挙で敗れたトランプは情報発信が制限された。かろうじて、独自のSNSなどをつくり発信していたが、大手の訴求力にはかなわない。

それをマスクが風穴を開けてくれたおかげで、まったく様相が変わってきたのである。マスクの実に大きな業績だろう。その結果、ほかのSNSメディア、ユーチューブなども統制を緩めるようになったのだ。

言論の自由を喪失すれば民主政治は機能不全になる

言論が統制されたら、デモクラシーは機能しない。候補者を判断しようがないので誰に投票してのいいか、どんな政策を支持してのいいかさえ判別不能となってしまうからだ。

かつてのスターリン時代のプロパガンダのようなものである。ソ連の機関紙「プラウダ」や「イズベスチア」を読んでも、ラジオを聴いても、「スターリン同志万歳！」と、スターリンを称える言論しか出てこない。

共産主義国家には正しい意味での選挙はない。たとえ形式的に選挙があったとしても、言論が統制されていたのでは自由な選挙とは言えない。

マスクが活動する前は、米国のデモクラシー、民主政治は失われる寸前だったのである。それをマスクが救った。そして少しずつではあるが、また暗黒時代に逆戻りしたくないと願う人たちがトランプのもとに結集したのだ。

テレグラムというＳＮＳをつくったロシア出身のパベル・ドゥロフが、２０２４年８月、フランスで逮捕された。ＥＵはこのドゥロフが気に食わないのだ。というのも、テレグラムは、インターネット通信をする際にお互いの通信が完全に暗号化でき、何が書いてあるか外部からチェックすることができず、極めて秘密性が高いツールだからだ。

EUはドゥロフの背後にはプーチンがおり、テレグラムはロシア政府によってコントロールされていると嫌疑をかけた。

だが、これはまったくの間違いである。ドゥロフはかつてロシア政府ともトラブルを起こしていた。完全に機密のまま情報のやり取りが可能なので、SNSの利用者間で犯罪に利用される可能性が高いと、ロシア政府の弾圧を受けたこともある。その時、ドゥロフは「犯罪と明らかにわかっているものに関しては排除する」と、プーチンと妥協した。

もう一つ、テレグラムがロシア政府によって管理・検閲されていない証拠がある。それはテレグラムをウクライナ政府が使用しているという事実だ。ロシアと戦争している国が活用していること自体、テレグラムがロシアに管理されていないことの証拠である。

『1984年』の世界が現実になる恐怖

ユーチューブの検閲については筆者にも実体験がある。ユーチューブで独自の番組を持っており、自身の言論を知ってもらうよいきっかけになっていた。

登録者が30万人ぐらいに達した頃、20年11月の大統領選挙で不正が行なわれた。その直後から筆者は、米国の不正選挙の実態やその証拠、そしてトランプの訴えがどれほど正当であるのか、などを盛んに情報発信した。

不正選挙に関しては、当時の日本のマスコミはまったく触れなかった。「トランプが選挙に負けた悔し紛《まぎ》れにウソをでっち上げた」という報道しかしなかった。しかし、トランプ陣営の言い分を聞いていると、しっかりとした証拠に基づいていることがわかる。トランプ陣営以外でも実際に開票の現場にいた人たちが「大規模な不正選挙が行なわれている」と発言した。夜中にどこからともなく「郵便投票」が大量に届き、それが何度も繰り返し集計マシーンに入れられて、カウントされているという。投票回数の偽造であるし、そもそも届いた「郵便投票」が正当なものであるかも不明なのだ。

各州ともそんな状態だった。調べてみると、ジョージア、ペンシルベニア、ミシガン、ウィスコンシン各州など「激戦州」と呼ばれる州で、次から次へと同じような証言が出てきた。しかも「宣誓証言」だった。これは「たとえ虚偽だとしたら罰されてもいい」という証言である。宣誓して証言するわけだから、法的な拘束力のある証拠である。

そういう不正行為に関する証言が何百も出ているのに、一切、黙殺されてしまった。州の責任者である州務長官は「正当な結果」だと認め、州の知事もそれを認めた。この瞬間に米国のデモクラシーは音を立てて瓦解したと言ってもいい。

こうした経緯について、筆者は連日のように、米国から情報を直接入手し発信した。すると突然、ユーチューブ側から警告を受けてしまったのだ。

忘れもしない2020年12月13日、番組で視聴者に「これからユーチューブは言論統制下に入る。もう自由な言論の発信ができない。これが最後になるかもしれません」と申し上げた。実際にその通りになり、それ以後、発信できなくなってしまった。「BAN（禁止）」である。

その瞬間、ジョージ・オーウェルの『1984年』の世界がフィクションでなく、現実世界に出現したのだ。

マスクもSNS上での言論統制を見ていたのだろう。彼がツイッターを買収し、Xと名前を換え「ツイッターファイル」を発表した。外部のジャーナリストに客観的に調べてもらい、ツイッターがどんな情報規制の圧力を、時の政府、つまりバイデン政権から受けていたのかを事細かにレポートしたものだ。

筆者はこれにすべて目を通し、詳細に分析した。その結果、特に2つの焦点が浮上した。一つはロシアゲート疑惑（トランプ政権とロシアの間で不透明な関係があったのではないか という疑惑）。もう一つはコロナウイルスのワクチン問題である。

バイデン政権は、ワクチンは効果が薄い割に副作用が強く、とても危険性が高いのだが、その事実を隠蔽《いんぺい》した。専門家もワクチンの危険性を指摘していたが、発表禁止にしてしまった。あるいは発表禁止までとはいかなくとも、人目につかないところに埋め込んでしまった。マスクは政府の圧力を受け、ツイッターが全面協力していたという事実を暴《あば》いたのだ。

要するに現代の検閲制度だ。筆者もトランプと同様、BANされてしまったわけだが、「弾圧」は必ずしも目に見えるものではなく、人目につかないように葬られる場合もある。検索しても出てこないようにされてしまうと、手も足も出ない。まさに『1984年』のディストピアの世界、そういう手の込んだ隠蔽工作もしていたのだ。

現代社会は「間違った言論を流布《るふ》してはいけない」というのが常識になっている。それはもっともだが、では何が間違いで、何が正しいのか。議論し、検証しなければわからない。だから自由に議論する場が重要なのだ。討論で検証し確かめていくのが、自由社会の正しいあり方だろう。

「間違った意見を出してはいけない」となったら、筆者に言わせれば、マルクス主義や共産主義者の意見は弾圧していいということになってしまう。

そういう言論封殺はあってはならない。マルクスやレーニンを読もうが、共産主義の本を出版しようが、阻害すべきではない。実際に読んでみて検証してみれば、間違っていることがすぐにわかるはずだ。そうすれば、そういう道を取らなければいいとわかるし、そのほうが効果的だからだ。

しかし検閲制度で、事前に「この意見はいい、これはいけない」と排除したら、今のチャイナのように完全な言論統制社会になってしまう。

21世紀の現在でも、地球は太陽の周囲を回っているという「地動説」を信じていない人も、ごく少数ながら存在する。地球が平らだと信じている人もいる。しかし、この間違いが科学的に証明されているからといって、個人の思想を制限してはならない。

言論は自由である。体験と常識とデータから考えて、間違っていると気づけば、やがて誤りは信じなくなる。自由な発言の保証は、何にも増して貴重な価値なのである。

ただ、この価値観は限られた先進国間でしか通じないルールであり、世界の多くの地域ではいまだに言論弾圧が横行している。それどころではない。先進国といえども、平気で言論を弾圧する人たちが、米国の政権の座についていたのだ。そして、ロシアやチャイナの例を見ればわかるように、言論統制の勢いが世界中に広まっている。

「トランプ標的の政治的裁判がアメリカをダメにする」

もう一人、ここで注目したいのはジェブ・ブッシュの転向だ。ジェブ・ブッシュは元フロリダ州知事で、２０１６年の大統領選挙に立候補し、一時は有力候補だった。共和党の大統領候補一番手というのがもっぱらの下馬評だった。

彼の父ジョージ・ブッシュは第41代大統領、兄のブッシュ・ジュニアはテキサス州の知事の後、第43代大統領に就任している。ジェブ・ブッシュが知事をつとめていたフロリダ州は経済的に豊かな土地で、人口も多い有力な州だ。

しかも、ジェブ・ブッシュの妻はメキシカンで、彼はスペイン語も上手に話す。フロリダ州のラティーノの間で人気が高く、保守だが、一方でリベラルな面もある中道的な政治家ということで、有力候補と目されるようになった。

つまり、共和党の本命中の本命だったのに、フタを開けてみればトランプが共和党候補の座を射止めてしまった。ジェブ・ブッシュとしては、トランプは予備選挙で負かされた相手、元のライバルだから、好ましくは思っていないだろう。

その予備選の帰趨《きすう》を決めたのは、大統領候補同士の討論中のある事件だった。ジェブ・ブッシュとトランプが討論をし、トランプがジェブ・ブッシュを評して「ローエナジー・パーソン」(低エネルギー人間)とひと言言った。要するにトランプは「私はエネルギーに満ちているが、ジェブは〝活力が足りない〟」と言い放ったのだ。この表現が「言い得て妙」だと、みんな納得してしまったのである。

ジェブ・ブッシュは温厚な人柄で、政策実行能力も知事として証明済みだし、立派な人物だ。しかし、どう見てもローエナジー・パーソン。情熱を発散するような、ハイパワーを感じるようなタイプではない。トランプはそういうレッテル貼り、キャッチコピーがうまい。ともかく、それ以来、風向きが変わり、ジェブ・ブッシュの求心力が急速に衰えたのだ。ジェブは、おそらく腹の中でトランプのことを「この野郎!」と思っていただろう。

ところが24年1月、彼が「ウォール・ストリート・ジャーナル」の投書欄に意見を掲載した。トランプを支持すると明言はしなかったが、「トランプを標的にした政治的な裁判は米国をダメにする。こんなことをやっていたら米国社会はズタズタになる。米国は世界の経済の中心でなければならない」と述べた。

現在、世界の株価、時価総額の75%は米国にある。その世界経済の中心、資本主義経済の中心である米国に、なぜ世界中から投資が集まるのか。その一つの理由は、米国は司法制度がしっかりしており、公正な裁判が期待できるからだ。

政府が恣意的に反対勢力の財産を没収したり、凍結したりする国には、危なくて投資ができないのは当然だ。しかし法律に基づき私有財産を尊重してくれ、いざトラブルがあった際にも、裁判所が政治的に中立で、公正な裁判をやってくれる仕組みがある。そういう米国だから、世界中の資本家も安心して投資ができる。

ところが、バイデン政権下の米国は正反対になってしまった。バイデン政権は「トランプ・オーガニゼーション」というトランプの会社を潰し、彼の財産を没収しようと仕掛けた。「不正な宣伝や営業を行なっていて、それはビジネス上の詐欺《さぎ》に当たる」という言いがかりだ。

目的はトランプの会社自体を潰すこと。そんな裁判を起こして敵の経済力のもとを絶とうとするとは、第三世界の発展途上国の独裁者とまったく変わりがない。

「そんなことをやってしまったら米国の信用が失われる」「司法を政治の武器にしてはいけ

ない」と、ジェブ・ブッシュは苦言を呈したのである。

ブッシュファミリーが全体としてトランプを応援している気配はないが、「少なくともトランプ潰しは行き過ぎだ」という良識を発信した彼の姿勢は賞賛されるべきものだ。

「ポルノ女優口止め料裁判」を批判するマスコミの愚かさ

日本のメディアも、ジェブ・ブッシュの言説にならい、トランプの魔女裁判の真実に目を向けるべきだろう。

たとえば、トランプはいくつも刑事裁判を抱えており、そのうちの一つは有罪が決定した。いわゆる「ポルノ女優口止め料裁判」と呼ばれているが、日本の一部のマスコミは「犯罪者が大統領選挙に出馬すること自体がおかしい」などとわけのわからないことを言った。でもこれは、米国の実態をまったくわかってない無知な意見でしかない。もしわかったうえでなら、極左の民主党側を応援する意図があるとしか思えない。

「口止め料裁判」でトランプに有罪判決が下ったのは24年5月30日。しかし有罪判決後の最初の10時間以内に、トランプ陣営に３４８０万ドルの政治献金が集まった。その後の24

時間で献金額は5400万ドルにも達した。

しかも、これはトランプ支持者からだけではない。「あまりにもひどい」「トランプかわいそうだ」と、献金額のほぼ30％が、今までトランプを支持していない人たちからである。5ドルや10ドルという小口の献金も集まったという事実が、いかにバイデン政権が庶民から恨まれているかを如実に示している。

それだけではない。民主党支持者が圧倒的に多いニューヨーク州でも、有罪判決の発表後にはバイデンとトランプの支持率の差が一挙に縮まり、バイデン44％に対し、トランプ38％の6％差にまでなった。ニューヨーク州は全体が民主党の金城湯池《きんじょうとうち》であるから、6％差に迫ったというのは驚天動地の出来事である。

「パブリック・ブロードキャスティング・システム」（PBS）という、米国版NHKのような公共放送局がある。ここが世論調査を行なったところ、「3分の2が、今回の有罪判決は大統領選挙にまったく影響を与えない」と答えた。つまり、「でっち上げ裁判」の標的にされているトランプに味方する人が多いことを意味する。

もちろん、「この有罪判決でトランプに投票したくなくなるかもしれない」と答えた人も17％いた。しかし、15％は「よりトランプ支持を強めた」という。

そもそもこの事件は、芸名ストーミー・ダニエルズというポルノ女優が、トランプと深い関係にあったのではないかと、口止め料が支払われていたというのが発端だった。この女優がお金を受け取ったのは事実だが、それ自体は問題ない。

しかし妙な言いがかりをつけられた。トランプ自身は支払った事実を知らなかったのだが、トランプの個人弁護士マイケル・コーエンが、スキャンダルを恐れて口止め料を支払った。事実関係が何もなかったとしても、騒がれると問題になると思ったのだろう。

ところが面白いのは、この事件の一番肝心な部分、彼女自身が何度もインタビューを受け、「トランプとは、世間が考えているようなことは何もありませんでした」と個人の書簡を公開していることである。つまり週刊誌が喜ぶネタのように、トランプが浮気して口止め料を出したのではない。

しかも「大統領選のために集めた政治資金を流用した」という疑惑も騒がれたが、これについても「まったく違法行為ではない」と、連邦選挙委員会が意見を出した。「たとえ口止め料を払ったとしても、それは選挙運動に協力してくれる人や広告代理店に支払ったりするのと一緒のことだ。違法行為ではない」ということである。

では、なぜ違法行為の疑いを持たれたのかと言えば、コーエン弁護士が、はっきりと彼女にお金を渡したとは言わず、帳簿をごまかしていたということが罪に当たると、提訴されたのだ。それだけのことだ。

後に、コーエンとダニエルズは親密な関係があったのではないかという憶測も生まれたが、それはともかく、内情を調べると実にバカバカしい裁判なのだ。しかもマンハッタン地区で起こされた裁判のため、陪審員は反トランプばかりで、結局、有罪が言い渡された。

実は、判事のホアン・マーチャンは反トランプで有名で、そういう人間が管轄する地区でわざと裁判を起こしたのだ。彼は民主党への献金者でもあった。

肝心の量刑は2024年9月18日に言い渡される予定だった。陪審員裁判では陪審員は有罪か無罪かを決めるだけだ。量刑は法の専門家である裁判官、判事が行なう。重い刑が言い渡されれば、下手をすればトランプは収監されかねない。そうなれば、9月18日以降は大統領選挙の活動はできなくなる。そこで、量刑言い渡しは大統領選挙後の11月26日になった。

こんなところにも明らかにバイデン、ハリスを応援する政治勢力の肩入れがあったことがわかる。トランプが圧倒的に有利なので、バイデン、ハリス陣営の焦りがあったのだろう。しかし政治判断で収監は阻止された。でっち上げた罪でトランプを収監すれば世論の反発を受けることになり、トランプ勝利後の報復も怖れたのだろう。だから量刑言い渡しを延期したというのが真相だ。トランプ当選を受け、量刑言い渡しは、トランプ退任後の2029年1月となった。

万が一、収監されても、大統領候補として出馬するのは可能だった。大統領選挙自体から排除されるわけではないので、監獄にいながら選挙に勝つことも不可能ではない。

一方、ハリスが勝ったら、トランプに重罪を言い渡すつもりだったのだろう。つまり、裁判官は二股をかけたのだ。結果的に量刑言い渡し延期は正解だったと言える。

ほかにもトランプは3つの裁判を抱えていた。2020年大統領選での落選を覆すため、選挙手続に違法に干渉したとして起訴された事件は、捜査を指揮したジャック・スミス特別検察官が首都ワシントンの連邦地裁に起訴の取り下げを申し立て、裁判所に受理された。

大統領退任時に機密文書を私邸に持ち出した件についても、フロリダ州地裁が2024年7月、起訴を無効と判断した。

2020年大統領選でジョージア州の開票手続きに干渉した事件に関しては、地裁の審理が停滞している。

2024年大統領選挙でのトランプへの攻撃は、それくらいひどいものだった。幸い、敵陣営といえども最後まで不正をやり切ることはできなかった。トランプは、こんなでたらめな裁判や司法弾圧を受けながら、見事に大統領に返り咲いたのである。

常識が通じる社会にしよう

トランプの運動はひと言で言えば、経済ナショナリズム運動である。まずは米国経済を立て直す。そのためには人種、宗教の違いは関係ないと訴えかけ、見事に実現したのだ。

今やトランプ支持者にはキリスト教徒だけでなく、イスラム教の人たちもいる。トランプの「オールアメリカで行こうぜ」という訴えかけに、みんなが共感したからだ。みんな同じアメリカ人だし、信教の自由を守る、という点では一致している。

そういう動きが、最後の選挙運動によく現れていた。トランプは最終盤にミシガン州で選挙演説を行なったが、その時「この会場にはラブが満ち溢れている」と語りかけた。この場合、「ラブ」を「愛」「愛情」と訳すよりも「絆」と表現したほうがいいのではないだろうか。人種、肌の色、宗教など関係なく、「同じ米国人としての絆」がしっかり感じられるということだ。

また、トランプは各地の演説の中で「コモンセンス」という言葉を繰り返し強調している。「もう一度、コモンセンスのある社会にしなければダメではないか」ということである。「常識」「良識」と訳されるが、ひと言で言えば「常識の通じる社会をもう一度つくる」ということに尽きる。

男性から性転換した自称女性が、女性としてスポーツに参加するのはおかしい。女子トイレに男性が入るのはおかしい。学校教育で子供に性転換手術を勧めるのはおかしい。電気自動車もいいが、ガソリン車も残すべきだ――。

常識とは、そういう社会のことを指す。今回の選挙は保守・革新の対決で保守派が勝利を収めた、と評するのは適切ではない。〝常識〟こそが勝利を収めたのだ。

そういう意味でも、トランプは米国を分断しているのではなく、統合しているのである。

また、マスクは大統領選の結果を受け、Xに、

「今回の大統領選の結果を見て意外だ、驚いたと言う人は、自分の情報源をもう一度見直したほうがいい」

と投稿した。実に的確な指摘だ。

日本でも、テレビのワイドショーや大手新聞だけを見ていたら偏向・捏造《ねつぞう》情報しか入っ

てこない。公正・中立なメディアを見つけ、そこで正しい情報を得ることが、政治の動向、経済のポイントを見抜くためにも肝要となる。今回の米大統領選の重要な教訓である。

1章

世界は〝4つの勢力〟による争いだ

——「無国籍企業的グローバリスト」と「英国守旧派」が世界を壊す!

「グローバリズム」という美名に騙されるな！

前章で「ハリス政権誕生ならアメリカは検閲社会になっただろう」と述べた。なぜそうなるのか、それは世界を支配する「4つの勢力」を抜きには考えられない。前著『藤井厳喜フォーキャスト2024』（ワック）では、「3つの勢力の相克」で説明したが、もう一つカテゴリーを増やさなければ正しく理解できないと思うようになった。

現在の国際情勢を分析するときに大事なのは、「どういうパラダイムで事象を見るか」である。残念ながら、今のマスコミや知識人は、いまだに古い冷戦時代のパラダイムでしか物事を判断していない。しかし、それでは限界がある。現代の世界は、まったく新しい目で見なければいけない。

では、新しい視点とは何か？

これまで先進国の政治は「保守派」と「革新派」、つまり「コンサバティブ」と「リベラル、ないしはプログレッシブ」という右と左の対立で動いていると考えられてきた。しかし、それは冷戦時代のパラダイムでしかない。共産主義、社会主義の左派陣営と資本主義、自由主義の右派陣営と、左右の対立というパラダイムである。それをそのまま国内政治に持ち込み、世界の動きを理解しようとするわけだ。

しかしこれは、完全に時代遅れである。この視点が通用したのは1991年のソ連崩壊までである。それ以降は、「グローバリズムに賛成か反対か」が、とても重要になってくる。

現在「グローバリズム」という言葉は、場合によっては「人類を一体のものととらえる」ような、美しくポジティブで、理想主義的な意味合いを含んだものとして受け入れられている。

しかし筆者がこの場合、考えるグローバリズムとは、ボーダーレス経済、つまり「国境なき経済を進める」ことを意味する。現代の対立軸は、このボーダーレス経済に賛成か、反対かが重要である。

もちろん、従来のような「保守」対「革新」という価値観の対立軸も並存している。

では「保守」とは、どういう意味だろうか？　先進国を例にすれば、自由な企業体制があって言論の自由も保障され、民主政治体制を守るという意味である。そして、そこに至る自分たちの伝統的価値観を大事にしていくというのが保守の考え方である。

それに対して、そういう伝統に価値を置かず、変革していこうというのが「革新」だ。

多くの場合、経済も自由経済体制よりは、平等に重きを置く社会主義的統制を重要視する。

こうした点を踏まえ、筆者は世界経済や国際政治における現象を正確に分析するため、政治勢力を「4つの勢力」に分類している。世界を動かしている勢力を4つに分けて考えることにより、現在の国際情勢を明確に把握することができる。

その前提として、まず図の縦軸「経済の方向性」に注目してほしい。資本主義と社会主義のどちらを選択するかである。自由経済を志向する資本主義経済（厳密には自由主義市場経済と言ったほうが正しい）を選ぶのか、あるいは、社会主義経済で経済を統制する方向で、国民的平等という価値観を選ぶのか、の選択である。

横軸は「政治の方向性」だが、こちらは「グローバリズム」、もしくは「ナショナリズム」。経済をボーダーレス化し、マーケット（市場）さえあればうまくいくという考え方がグローバリズムであり、その対局が、それぞれの国家の国益を重視するナショナリズムである。

この縦・横の軸に沿って、世界の政治勢力は4つに分類される。

【民主的ナショナリスト】

ナショナリズムというと「偏狭で排他的なもの」ととらえがちだが、決してそうではな

世界の政治勢力はこの4つに分類される

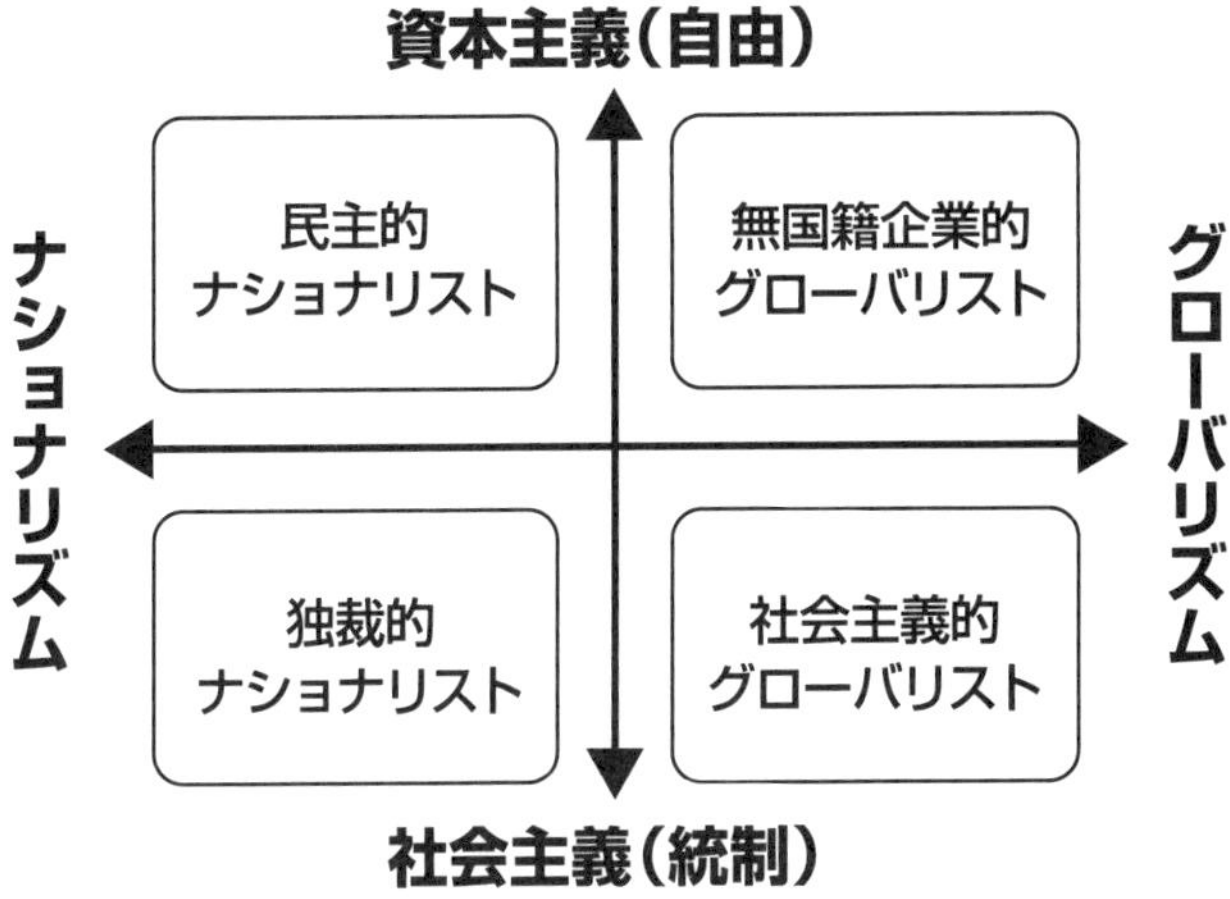

い。むしろ民主国家において、国民の大多数の利益を最優先して政策を決定することだ。それが「民主的ナショナリスト」である。トランプ、安部晋三元首相などに代表され、保守主義に基づく経済的ナショナリズムが共通している。

【無国籍企業的グローバリスト】

世界を一つのマーケットととらえ、国境を無視して行動する。GAFAM（グーグル・アマゾン・フェイスブック〈メタ〉・アップル・マイクロソフト）など、無国籍の超巨大企業にとって個々の国家はビジネスの邪魔でしかない。そこで、彼らは先進国の民主的なナショナリズムを嫌悪する。バイデン米大統領、ボリス・ジョンソン元英首相、マクロン仏大統領、実業家のジョージ・ソロス、ビル・ゲイツなどが代表的存在である。現在の国際政治経済を特徴付ける大きな力が、この「無国籍企業的グローバリスト」である。背後には、後述する「タックスヘイブン（租税回避地）・ネットワーク」を維持するため、国家や国民、国境という存在を破壊したがる「英国守旧派」が存在する。

【独裁的ナショナリスト】

独裁国家の指導者を指す。プーチン、習近平、金正恩《キムジョンウン》などがその典型である。「無国籍企業的グローバリスト」である超巨大企業が、賄賂《わいろ》などで独裁者を抱き込んでしまう場合もある。

【社会主義的グローバリスト】

以前は、「社会主義的グローバリスト」の勢力はさほど顕著ではなかった。「無国籍企業的グローバリスト」に助けられている小さな存在であるとし、筆者はあえて前著では独立したカテゴリーに入れていなかった。しかし今や、その存在を無視するわけにはいかなくなっている。というのは、2024年、英国の労働党政権という社会主義的な政権が誕生したからだ。オバマ以降の米民主党、そして、カマラ・ハリスという大統領候補も「社会主義的グローバリスト」である。しかも、この「社会主義的グローバリスト」は、しばしば「無国籍企業的グローバリスト」と連携している。

今回、トランプが敗北していたら、自由民主国家、米国は崩壊し、世界の自由とデモクラシーは大きく後退していたに違いない。米国だけでなく、世界の経済秩序もアナーキー（無政府）状態と化しただろう。その結果、世界中で地域紛争が頻発し、世界の政治・経済秩序は大混乱に陥ったはずである。

つまり今回の米大統領選は、世間の見方とはまったく正反対の「平和の候補トランプ」対「戦争の候補ハリス」の戦いでもあったのだ。

“キシバ政権”は「無国籍企業的グローバリスト」政権

では、主な先進国では、どのような構図が見られるのか。各国では主に「無国籍企業的グローバリスト」と「社会主義的グローバリスト」と「民主的ナショナリスト」が対立している。

日本でいえば、石破茂首相の自民党は「無国籍企業的グローバリスト」である。

以前の安倍政権は「民主的ナショナリスト」の色合いが強く、安倍政権のスローガン「日本を、取り戻す。」が象徴するように、ナショナリズムや伝統的な価値観を大事にし、日本国のアイデンティティを強化しようとする姿勢だった。資本主義経済の自由さや競争主義も大事にする反面、ナショナリズムの価値観も大切にしてきた。

ところが、岸田文雄政権は国際的な「無国籍企業的グローバリスト」政権だったと断言できる。だから同じ立場の米国のバイデンと非常に気が合ったのだ。

一方のトランプが唱える「アメリカン・ファースト」は、まさに「民主的ナショナリスト」そのものの主張である。言い換えれば「アメリカ国民のために」であり、その点で日本のナショナリズムを大事にする安倍元首相も共鳴したわけだ。同じカテゴリーに所属する政治家ということで、お互い仲が良かったのである。

2024年9月27日に実施された自民党総裁選の結果、岸田の正統な後継者になったのが石破だ。筆者は「キシバ（岸破）政権」と呼んでいるが、岸田政権と石破政権の中身はほとんど同じ、いや、キシバ政権は岸田政権の劣化版コピーと言えるかもしれない。岸田以上に石破はグローバリズムに偏向しているのではないかと思える（7章で詳述）。

岸田も石破も、基本スタンスは「国益を無視したグローバリズム推進」である。保守政権の看板の下で、国家日本を壊すグローバリスト政策を進めている。

米国では、ハリスは「社会主義的グローバリスト」であり、明らかに左に振り切っているが、バイデン政権を背後で支えているのは、国際的な脱税のための「タックスヘイブン・ネットワーク」である。この勢力が世界の健全な秩序を破壊するために暗躍しているのである。

このネットワークを牛耳っているのが、英国の旧エスタブリシュメントであり、筆者はこれを「英国守旧派」と称している。世界が平和になり、各国政府間の経済連携がスムーズに行なわれれば、タックスヘイブンが活躍する余地がない。そこで民主国家を破壊し、世界が「市場原理」だけで動くようにするのが彼らの望みである。

つまり彼らが狙うのは、タックスヘイブンに本拠地を置く無国籍大企業が、国際的な裁判権、課税権、通貨発行権などを完全にコントロールする体制である。グローバリスト勢力の中核が英国守旧派である。なぜかと言えば、グローバリストが富を貯蓄している場所が、英国守旧派が管理するタックスヘイブンだからである。世界のタックスヘイブンの大部分は英国系、つまり、旧英国植民地か、英国の海外領土である。

「無国籍企業的グローバリスト」の頭脳は先進国にあり、そこで技術開発を行なうが、主にモノを製造するのは低賃金の新興国だ。そして、それをリッチな先進国の市場で売りさばく。しかし、彼らはそこで得た利益を海外のタックスヘイブンに蓄積し、温存しようとする。

先進国に利益を持って帰れば、高率の法人税を課されるし、製造拠点の新興国でも高額の税金を取られる恐れがある。独裁国家だと突然、利益が没収されてしまうことさえ考えられる。そこで彼らはタックスヘイブンをフルに活用し、利益をため込むのである。

このタックスヘイブンのネットワークの中心はロンドンのシティである。かつて世界中に植民地帝国を築き上げた英国は、現在、ほとんどの植民地を失った。しかし今でも残っている最大の遺産が、世界に広がるタックスヘイブン・ネットワークなのだ。無国籍大企業は、米国企業であっても欧州企業であっても、これをフルに活用する。

そこで英国守旧派は「大英帝国なき後の世界植民地主義の実現」を狙う。英国という国家ではなく、自分たちが操るグローバルな無国籍企業に奉仕する世界体制の構築である。

バイデンの地元は米国デラウェア州で、タックスヘイブン・ネットワークの一環である。彼はデラウェア州を基盤として長年、上院議員をつとめた。いわばデラウェアというタックスヘイブン州の用心棒役を担っていたのが、バイデンということになる。同州では「真の所有者が誰だかわからない」法人を設立することができるのだ。彼らこそがタックスヘイブンに富を保有する存在だ。

その事実を照らして考えると、バイデンは間違いなく「無国籍企業的グローバリスト」の立場に立つ政治家である。大企業または超大企業側、あるいは国際富裕層を代表する立場と言ってもよい。

しかし、米民主党でマジョリティーをとるためには、党内の「社会主義的グローバリスト」という左の勢力とも連携していかなければならない。その代表がカマラ・ハリスだ。

つまり、バイデン、ハリス政権は「無国籍企業的グローバリスト」と「社会主義的グローバリスト」の連立政権なのだ。ハリスが副大統領候補に選んだミネソタ州のティム・ウォルズ知事は「社会主義的グローバリスト」の側にいる。

つまり、同じ民主党候補でも、バイデン、ハリス政権よりもさらに極左グローバリズムに偏向しているのが、24年米大統領選の民主党コンビ、ハリス、ウォルズであったのだ。

このように考えると、世界情勢をクリアに分析することができる。

「第三の波」（AI革命）を破壊するハリスの民主党

では、経済面ではどうか。2025年以降を予測するには、米国を中心にAI革命を中心とする第3次産業革命が起きていることを無視するわけにはいかない。

かつて未来学者のアルビン・トフラーが「第三の波」を提唱した。彼は「第3次産業革命がもう起きている」ということを1980年代の時点で予測していた。当時、筆者は米国にいたが、今の言葉で言えば「IT社会の到来」である。コンピュータ、テレコミュニケーションの技術を中心に新しい産業革命が起きるということだ。

「第一の波」は、人類社会で起きた初の産業革命である「農業革命」。それまで狩猟・移動生活をしていた人類が定住し、農業を始めた。それによって食料が豊富にとれるようになり、生活が安定し、文化も発達した。

「第二の波」は、1700年代後半から英国で発生した、蒸気機関を中心とする機械化革命。いわゆる「インダストリアル・レボリューション（産業革命）」である。

当時の動力は石炭を燃やす蒸気機関だったが、これによって人間は自分自身の力や馬、家畜以外の動力を初めて使用することができるようになった。そして鉄と蒸気機関による新しい文明を築き上げた。この第2次産業革命が英国から欧州へ、そして世界に広がった。

これに対し、トフラーは「今後、いわゆる情報産業が発展し、情報化社会が来る。情報産業の時代だ」と訴えた。つまり「第3次産業革命」の到来を予測したわけだが、実は1980年代から40年経つ今でも、初期に考えられたような爆発的な第3次産業革命は起きていない。

確かに、コンピュータとテレコミュニケーション技術の発達で、人間の生活は格段に便利になったし、製造業の生産性も向上した。しかし第3次産業革命と言われるほどの、革命的なことは起きていない。情報産業自体が大きな景気のエンジンとなり、経済全体を引っ張るところまではいかなかったわけである。

第2次産業革命では、石炭の熱を使った蒸気機関の革命が驚くべき効果をもたらした。やがて石炭から石油にエネルギー源が移ると、石油を燃やすことで、さらに大きな動力を得ることができた。たとえば軍艦なども、石炭で動く船から重油で動くものに変わり、すべての動力源が変化した。ガソリン・エンジン、ジェット・エンジン、ロケット・エンジンが世界を一変させた。燃料は石油からつくられ、その石油を基準に、第2次世界大戦後には石油化学産業という、まったく新しい産業が生まれたのだ。そういったところが経済の成長のエンジンになって、先進国の経済全体を引っ張ってきた。

だが、残念ながら、今までのところ、新しい経済成長の圧倒的エンジンという意味での情報産業は生まれなかった。情報産業が経済全体をぐいぐい引っ張っていくだけのパワーにはならなかったのだ。

いよいよ第3次産業革命が到来？

しかし2020年代に入り、いよいよそういう時代がやってきた。AI革命によって、トフラーが提唱した「第三の波」、そして、ダニエル・ベルが提唱した「ポスト・インダストリアル・ソサエティ」(脱工業化社会)、情報産業革命という、まったく新しい経済の世界が到来しつつある。

ひと言で言えばAI革命によって初めて、「第三の波」「第3次産業革命」の名に値する技術革新が実現し、今後、経済全体を牽引していくエンジンとなるだろう。

副大統領のJ・D・ヴァンス（右）と妻のウシャ・ヴァンス（写真：AP/アフロ）

ここで注目したいのが、「MAGA（メイク・グレート・アメリカ・アゲイン）」運動を唱える「民主的ナショナリスト」であるトランプ陣営に、イーロン・マスクや、副大統領候補としてJ・D・ヴァンス上院議員が加わったことだ。ヴァンスは貧しい家から出て、苦学してイエール大学の大学院に入り、弁護士になり、シリコンバレーのベンチャーキャピタリストとして成功した。

では、なぜマスクやヴァンスがトランプ陣営に加わったのか。それは、社会主義者カマラ・ハリスが大統領になったら、第3次産業革命が潰されてしまうからである。

情報革命である第3次産業革命には、経済の発展をもたらす自由な発想、それを支える自由なテクノロジーとイノベーションが不可欠である。科学研究が自由にできるには、言論が自由である社会でなければ不可能だ。

　そのような社会の基盤の上に、科学者たちが新しい理論を発見し、技術者たちがそれを応用して新しい技術革新を起こす。そして、それを支えるベンチャーキャピタリストがいて、資本市場があり、お金を集めて膨大な投資をすることで、新しい産業分野が開かれていく。

　これが今、実現できるのは世界中で米国だけである。残念ながら、日本や欧州には無理。あるいはチャイナとロシアとが一体になった「ＢＲＩＣＳ《ブリックス》」（ブラジル、ロシア、インド、チャイナ、南アフリカを中心にイラン、エジプト、アラブ首長国連邦、エチオピアが加わった9カ国からなる国際会議）の国々でも不可能だ。というのも、科学と技術と資本を集積できる力が米国以外にないからだ。このテクノロジーを発展させられるだけの頭脳を世界中から集め、人間に役立つものをつくる技術を生むには、膨大な資本力が必要となる。おそらく日本円で数十兆円単位の資金が必要になる。それだけの資本を市場で集めて投入することができるのも米国だけなのだ。

　しかし、「社会主義的グローバリスト」のハリス政権だったら、そのような動きを徹底的に妨害する。ハリスの背後の英国守旧派もこれを潰そうとする（詳細は後述）。マスクは、それでは第3次産業革命が潰されてしまうことに、いち早く気づいたのだ。

そもそも社会主義はすべて統制主義である。事実、ハリスは大統領選の公約で、増税、特に大企業に向けた法人税増税や金融取引税を打ち出した。こういった大規模な増税は、米国の経済力を衰えさせてしまう。

それだけではない。かつてハリスは「企業が持っている特許はすべて国家が奪い取っていい」と公言したことがある。明らかに社会主義の発想である。その結果、自由な市場経済が機能しなくなり、第3次産業革命は頓挫《とんざ》することになる。自由経済の米国が、統制経済のチャイナと同じような社会になったら、世界は真っ暗闇である。第三の産業革命は不可能になる。

チャイナはテクノロジーを使うけれど、そのテクノロジーは西側から持ってきたものばかりであり、それによって国民を統制し、検閲、管理している。しかし、新しいイノベーションを生み出すことはできない。言論の自由がなく、科学研究の自由もないからだ。

だからこそ、マスクには、今回、トランプに勝ってもらわなければ、人類が挑んでいる第3次産業革命が潰されてしまうという危機感が強くあった。そして、その危機感がトランプ圧勝の大きな原動力になったのだ。

今回の米大統領選は人類史的に格別な重要性があったと言っても過言ではない。トランプ勝利で第3次産業革命が始まる。

世界に自由で民主的な国が増えていくのか、それとも不自由極まりない統制経済・統制国家の国が増えていくのか……。人類が「自由か、隷属かを選ぶ大きな節目」にあった中で実施されたのが、2024年の米大統領選挙だった。人類は統制と隷属を排し、自由と自立を選び、歩み出したのである。

2章

アメリカと自由世界の今後はどうなる？

——アメリカの〝共産主義化〟を狙う民主党

オバマから分断が始まったアメリカ

2024年の米大統領選挙では、米国の分裂がひどかった。そんな状況を見て、「米国は完全な内戦状態」と思う人も多かっただろう。米国は、19世紀に起こった南北戦争以来の最大の分断の危機に陥っている、と。

しかし、それは今に始まったことではない。

2016年以降、米国の分断が際立ってきた。社会の分断を始めたのはリベラル・メディアである。つまり、米国の大手メディアだ。彼らはわかりやすく言えば、〝反トランプ〟である。

日本のテレビ局、大新聞も反トランプが多く、「トランプが悪い。極端な右寄りの反動的政策をとるからアメリカが分断するんだ」と、トランプに責任を負い被《かぶ》せた。

でも、それは違う。当初は泡沫候補扱いだったトランプが16年に当選したこと自体が米国民の大きな反撃だった。

というのは、詳細は後述するが、その前の8年間はバラク・オバマによる極左政権の時代であり、オバマが国家を分断させ、国民を内戦状態に追い込んでしまったのである。

それによって米国が分断され、あまりに左傾化し、社会が全体主義の方向に向かってしまった。そこで米国の愛国者が目覚めた。「このままでは危ない」と、反撃に打って出たのである。その結果が16年のトランプ当選であった。

現在、米国では「愛国者」の概念が変化しつつある。これまでの政治的枠組みの中では、右も左も愛国者だった。しかし右が「真の愛国者とは誰か」に気が付いた。民主党は国を破壊する政党だと覚醒したのだ。トランプを応援しなければ米国が失われてしまうと危機感を募らせた。

その結果、16年に、いわば「ワイルドカード」的存在で、従来の政治常識では当選できるはずのなかったトランプが当選したのだ。

実は2012年米大統領選でも、トランプは立候補したが、その時は完全な泡沫候補だった。少し話題を呼んだ程度だった。本人もそれは仕方ないと思っていたようだ。

しかし、オバマ政権2期目で米国の危機感が深まり、やはりトランプのように思い切って米国をもとの軌道に戻してくれる人でなければならないと気がついた米国人が多くなった。その結果、トランプ勝利というサプライズが起きたわけである。

オバマが夢見ていた共産主義革命

「オバマ政権が何だったか」という本質がわからないと、なぜ、米国が内戦状況なのかがわからない。

はっきり言えば、オバマは共産主義革命を夢見ている共産主義者だった。

オバマの究極の目標は、米国で共産主義革命を起こすことだ。もちろん、オバマはそのことをおくびにも出さない。そんなことを口に出そうものなら、民主党の大統領候補に決してなれなかったろうし、米国の大統領にもなれなかっただろう。

彼らの作戦は非常に狡猾《こうかつ》であり、陰湿である。

オバマは若い頃からアメリカの民主党左派に潜《もぐ》り込み、その力を利用して米社会を機能不全に陥れ、やがて共産主義革命を起こすという目的を持っていた。そういった新左翼的な活動をしていた連中の考えが、学術界やメディア、あるいは官僚社会などにも広がっていったのである。

ではなぜ、オバマはそんな面倒な手法を取ろうとしたのか。今や先進国では、たとえばチャイナで起きたような共産革命や、あるいはロシア革命などの手法で革命を成就させるのは不可能だからである。

というのは、現実はマルクスが『資本論』で提唱したことが実現していないからだ。経済成長が順調な先進国の労働者は、必然的に豊かになるので、貧窮化することはない。労働者はみな現代の資本主義社会の中でより豊かな生活を求めているのであり、決してそれを否定する共産主義革命など望まないことがはっきりしてきたのだ。

その結果、古典的なマルクス・レーニン主義に基づく共産主義の革命運動などは、およそ現実離れしたものとなった。

チャイナでは鄧小平《とうしょうへい》が、毛沢東的な共産主義の教条的な経済運営方法では国家が立ち行かないことが明確になり、市場経済を取り入れることにした。外国から技術を導入し、資本投下をしてもらい経済発展する方向に切り替えた。政治面では共産党独裁は手放さないけれども、経済面ではいわゆる「改革開放」路線で、ある程度、自由化することによってしか経済発展はあり得ないと、完全に舵《かじ》を切ったわけである。かつての共産主義の領袖《りょうしゅう》だったソ連も1991年に崩壊して、自由経済の国になってしまった。

チャイナも中国共産党が大きく方向転換し、これまで目指してきた共産主義革命はもうできないことが明らかになった。

マルクス主義の考え方は、資本家の収奪にさらされ、労働者が非常に困窮する。そこでプロレタリアートが立ち上がり、革命を起こすのだという。でも、それは机上の空論に過ぎないと、一部の左翼インテリたちは1920年代、30年代ぐらいからとっくにわかっていたのだ。

そこで別種のマルクス主義が、まずドイツで発生した。第1次大戦後、マルクス主義の最先端研究をやっていたフランクフルト研究所による、フランクフルト学派の誕生だ。ここに集まった多くのマルクス主義者が、いわゆる文化マルクス主義の方向に舵を切った。

伝統的な価値観の源「家庭」をまず破壊する

要するに、先進国の豊かな経済を労働者が享受してしまったら、革命などおぼつかない。では、どうするか。社会の基礎である家庭や宗教などにターゲットを絞り、その根底にある伝統的な価値観を長期戦で徐々に切り崩し、そこで革命を起こしていこうという戦略である。

マルクスの盟友、エンゲルスの著書に『家族・私有財産・国家の起源』がある。「家族と国家、そして私有財産は一体に結びついている」というのが、エンゲルスの理論である。そこで私有財産制を破壊するために、まず家庭を切り崩すことが革命への道程となる。というのも、家庭が破壊されたら、子供はまともに育てられなくなる。そこで共産主義者が保育園から子供を集め、徹底した共産主義教育を施《ほどこ》す。そうすれば革命は成就することができる。伝統的な価値観が受け継がれる家庭の存在は革命成就の邪魔になるのだ。

彼らは伝統的な男女関係や家庭は階級社会の産物であり、女性は抑圧されていると考える。そして男性が支配階級、女性が被支配階級であり、男女は本質的に平等ではないと考える。したがって男女を真の平等にするには、家庭を破壊する必要があるという理論である。そして、次に宗教を破壊するといった形で、現世の社会の秩序をどんどん破壊していく。

オバマ、バイデン政権が実行してきた積極的なイスラム移民の受け入れ、違法難民の無制限入国、高福祉政策、ＬＧＢＴＱ政策、CO_2規制は、米国という国家に無理難題をふっかけて、財政と社会機能を破壊するための、一種の革命工作だったのである。

そのような形で既存の価値観を破壊し、先進国で長期的な文化革命によってマルクス主義的革命を達成するのが、フランクフルト学派の基本的な考え方である。

このフランクフルト学派の学者は、ドイツでナチスが政権の座についた１９３３年に海外に亡命せざるを得なくなり、多くは米国に亡命者として押し寄せた。この亡命学者が中心的に活動したのがニューヨークのコロンビア大学だった。

やがて、フランクフルト学派の批判理論が、コロンビア大学などを中心に全米のインテリ層にどんどん浸透していった。当初は社会活動家の小さな動きに過ぎなかったが、この理論を運動につなげた人物にソウル・アリンスキーがいる。ユダヤ系であり、シカゴを中心に活動した労働運動家で社会革命家である。72年、アリンスキーは『ルールズ・フォー・ラディカルズ』を執筆した。「左翼革命家のための実践入門書」とでも呼べばいいが、左翼活動家の間ではバイブルとされた。日本語訳もある（『市民運動の組織論』未来社）。

アリンスキーは現在の米民主党に最も重大な影響を与えたマルクス主義革命家なのだ。この間接的な弟子が実はオバマであり、ヒラリー・クリントンである。ヒラリーの大学卒業論文のテーマはアリンスキーの革命理論だった。

アリンスキー自身は政治家になることはなかったが、頭脳明晰だった。長期戦略を考えたばかりでなく、日常活動の具体的な活動方法まで教えた。オバマ自身が「アリンスキーのモデルを教わって、これほど自分の社会活動、政治活動に役に立った理論はない」と語っているほどである。

オバマは生前のアリンスキーには直接、会ってはいない。しかしオバマは、アリンスキーの後継者から革命運動組織化の訓練を受け、そしてコミュニティオーガナイザーになった。組織活動家として底辺労働者たちを統率し、徐々に共産主義の思想を浸透させていく役割である。

2024年の米民主党大会の舞台はシカゴだった。ここは米国共産党が設立総会を開いた街であり、米国の左翼活動のメッカだ。このシカゴのスラム街でコミュニティー活動を地道にやっていたのがアリンスキーである。

オバマやヒラリー・クリントンに多大な影響を与えたソウル・アリンスキー

オバマはロースクールを出た後、シカゴで社会活動家となり、アリンスキーの後継者からこの革命モデルの教育を受け、「これまで受けた中で最高の教育だった」と絶賛している。文化マルクス主義によって長期的に米国を切り崩し、共産革命を達成しようとしたのである。

オバマケアは「国家」を破壊することが目的

プロレタリア革命を成就するには、まず文化革命を実践するという考え方の前では、愛国心や伝統的宗教観、家族の存在が邪魔になる。これがある限り革命は成功しない。愛国主義文化が健全である限り、社会主義革命は不可能だ。だから愛国主義的文化の心理的基礎をつくっている家庭、家族を破壊するのが、彼らの第一の目標になる。

そのためにまず女性を働かせる。そして子供を託児所や保育所、幼稚園に通わせる中で、そういう子供たちの教育を組織的に共産主義者が握ってしまおうとするのが彼らの思惑だ。

さらに彼らは、健康保険制度で国民を社会主義化しようと画策した。

オバマの目玉政策の一つに「オバマケア」があった。日本の国民皆保険制度と同じようなもので欧州にもある。

日本では、企業に属してない人でも国民健康保険に入れる。皮肉なことに、日本の国民健康保険制度は、第2次世界大戦後にフランクリン・ルーズベルトのニューディールで社会主義的な政策を実施した、米国の社会主義者たちが生み出したものだ。彼らニューディーラーが日本の占領軍に入り、日本の左傾化、左翼革命化を画策した結果、導入したのが現在の国民健康保険である。

米国には国民皆保険がないので、「米国にも必要だ」という理屈は、一見もっともらしく思える。

しかし、その目的は国民全体の健康増進ではない。むしろ、社会主義者が「国民の健康をコントロールする」ことが主眼なのだ。国家が国民の健康保険、国民の医療に責任を持つようになれば、国民は国家に逆らうことができなくなり、予算を握っている政治家に逆らうことができなくなる。だから「医療を社会化しろ」というのが、この制度の趣旨である。

アリンスキーは次のように言っている。

「人々をコントロールする最有効の手段は、医療をコントロールすることである」

なぜオバマがオバマケアを実行しようとしたのか。アリンスキーの理論を忠実に実践しようとしたからにほかならない。

オバマの前に、ビル・クリントン政権も国民皆保険をやろうとしたが失敗した。そして2016年にトランプに負けたヒラリー・クリントンも、このモデルに従って行動していた。ヒラリーは当時、役職には就いていなかったが、ファーストレディーとして国民皆保険プログラム実現の責任者となって活動したが、結局、潰れてしまった。それがオバマによって実現したのである。オバマは自らが大統領であった8年間、アリンスキー理論を着実に実行したのである。

オバマケアも「国民のため」というもっともらしい理屈をつけていたが、内実は社会主義革命の第一歩なのだ。日本の場合は、そのモデルの応用だったのである。

ことほど左様に、バラク・オバマはヌエのような人物なのだ。しかも正々堂々とウソをつくことができる。おそらく、人生でただの一度も本音を喋ったことがないのではないか。

オバマ政権の頃、黒人暴動が起きた際に、彼は黒人だから解決に向けて仲介してくれるだろうと期待した向きが多かった。しかし彼は人種間の融和を決して働きかけなかった。というのは両者を融和させるよりも、革命のために人種対立を利用するほうが、自分の革命計画実現に有効だと考えたからである。

白人と黒人の憎悪を最大限にまで拡大すれば社会機能は麻痺《まひ》する。黒人層の怒りを増幅させれば、貧しい者と富んだ者との確執《かくしつ》が増し、社会の分断を極端にまで進めることができ、社会が機能しなくなる。機能しなくなるまで分断を進めることで革命が初めて可能になるのだ。それがオバマの論理である。

しかしオバマは、そんな本心を決して明かすことはない。党大会で「米国人は肌の色に関係なく、みな同じ米国人なのだ。だから我々は仲良くやっていける、やらなければいけない」と綺麗な言葉で団結を訴えた。腹の中で考えているのはまったく逆なのに、美しいスピーチで人々を幻惑し、権力を摑む。それがオバマの手口だ。

だから、人種騒乱が発生したときも、オバマは大統領として積極的に手を打とうとしなかった。

一例を挙げよう。2015年4月、ボルチモア市でフレディ・カルロス・グレイ・ジュニアという25歳の黒人青年が警察に逮捕された後、死亡した。これをきっかけに黒人の暴動・略奪が大規模に広がった。しかし、オバマは暴徒と警察を等しく非難する声明を発表するだけで、暴動を鎮静化するための何の行動もとらなかった。事態が悪化するのを放置する。それが自分たちの思うツボだからだ。人種間の対立を推進し、大統領として8年間、米国の破壊を目指し、ひたすら行動した。それほど狡猾な男なのだ。

オバマは、福祉政策というアメをちらつかせ、一方で暴力や威嚇（ムチ）によって人心を動かしていくという、アリンスキーのやり方を巧みに学んだ。アリンスキーが定式化した規範とは、マルクス主義とフロイト心理学を融合したフランクフルト学派の理論にアル・カポネ流の威嚇と恫喝《どうかつ》の手口を加味したものである。

トランプ支持者がオバマのやっていることに疑問を感じ、オバマの人物像や影響を受けた人物を探っていくうち、米国の極左のカリスマであるアリンスキーにたどり着いた。そして、その理論を探求することで、ようやくオバマの背景にある思想が白日の下にさらされることになったのである。

アリンスキーはいわば米国型文化マルクス主義を完成させた人物とも言えるだろう。

司法省は〝革命派〟の手に落ちてしまった

オバマの妻・ミシェル・オバマも左翼の思想家に影響を受けた人物である。自らが共産主義革命志向であることはおくびにも出さず、リベラルな米国の愛国者であるように振る舞っているのが、大きな欺瞞《ぎまん》でもある。「私はあくまでも左寄りのリベラルな愛国者、国を愛しているからこういうことをやるのだ」という言い訳で、自らの悪行を覆い隠すことができる。

米国にも共産党が存在する。しかし共産主義者であると公言し、米国で共産革命を起こすと言えば、党員数は増えないし、まして政権を取ることなど絶対にあり得ない。ところが、民主党という一見、リベラルな団体の中に入っていけば、非常に大きな力を獲得することができる。

オバマは大統領在任の8年間、司法省に自分と同じ考えの人間を数多く送り込むことで、この官僚機構を手中に収めてしまった。ＦＢＩが反トランプ、反共和党なのは、ＦＢＩを管轄しているのが司法省だからである。

２０１７年1月、トランプ政権がスタートすると、いきなり司法省は「トランプはロシアと共謀して前年の大統領選挙を不正操作して勝利を収めた」という根も葉もない噂を流した。官僚機構である司法省、ＦＢＩが民主党が仕掛けた謀略に協力し、マスコミと一体になって反トランプのキャンペーンを開始したのである。

要するに「ロシアゲート事件」だが、民主党系の人物が特別検察官になり、10億ドルという費用をかけて調べてみたが、何の証拠も出なかった。当然、トランプは無罪放免だ。しかし、あたかもそれが既成事実のようにして事件をでっち上げた、その張本人が実はオバマその人なのだ。

オバマは、大統領として最後にその指令を出し、ホワイトハウスから去っていった。司法省が極左に席巻《せっけん》される中で、かつてのような国民全体から尊敬され、政治的にも中立なＦＢＩの姿は消えてしまったのだ。

米国の場合、警察制度も地方分権化している。州や自治体の警察の上に立ち、連邦全体にかかわる、州を超えた犯罪を取り締まるＦＢＩは、米国民から尊敬を集めていた。政治的にも厳正中立で、賄賂《わいろ》などを受け取らない、クリーンだったはずのＦＢＩが、完全に左翼勢力に乗っ取られてしまったのである。

今にしてみれば、ロシアゲート事件はヒラリー陣営によるでっち上げだったことが明らかになっている。英国の対外諜報機関（ＭＩ６）の元ロシア課課長であったクリストファー・スティールという人物に大金を支払い、ヒラリー陣営が書かせたのが「スティール文書」だ。その文書には「トランプがロシアとつるんでいた」『トランプがロシアを訪れ、モスクワでロシアの売春婦を買って……」などと、とんでもない内容が記されていた。それをもとに事件をでっち上げたのが真相だ。スティールがＭＩ６の人物なので、その背後に「英国守旧派」が存在していたこともハッキリしている。

さらにバイデン民主党は、２０２４年の大統領選挙に向けてトランプを縛るため、まったくの冤罪《えんざい》で無実の罪を着せ、４つもの刑事裁判を起こした。裁判自体が政治化している。

政敵を失脚させるため、検察、裁判官を押さえ、行政機関、司法機関が訴追し、無実の罪を着せて監獄に入れ、失脚させてしまう……こんな発展途上国にあるようなことが世界一の先進国、米国で現実になってしまったのだ。

ＬＧＢＴＱという人間破壊

ＬＧＢＴＱも、マルクス主義革命理論の一つである。これは伝統的な性差と家族を破壊するための理論でしかない。

子供たちに同性愛や性転換などをすすめるのは、父母がいるまともな家庭を破壊する方策だ。人間を共同体に結びつける文化的な価値、共通の価値観を破壊すれば、伝統的な価値観はつながっていくことができない。そんな形で人間を個々人の小さな原子に分解し、支配することでしか、共産主義革命は成り立たないのだ。

男女という自然界の役割分担を否定し、伝統的な家族を破壊する。そればかりではなく、人間が人為的に「性」を選べるという傲慢《ごうまん》な思想を植えつける。「ＬＧＢＴＱ」は自然の摂理を否定する、唯物論の押しつけである。

「聖域都市《サンクチュアリシティー》」をつくった米民主党の邪悪さ

そもそも、米国が混乱に陥ってしまった大きな理由、そして米大統領選の争点になったのは、バイデン政権が国境をなくしてしまったことにある。その結果、米国に来たい人はどんどん受け入れることになった。

これまでは、違法入国者は国境で捕え、送還した。ところが、バイデン政権は、違法入国者をすべて受け入れてしまったのだ。国境警備隊がその場で捕まえても米国内に釈放し、亡命者として滞在許可を与えた。これによって、およそ1500万~2000万人の違法入国者が現在の米国に存在する。

彼らは当然、職業を持たない。そんな失業者たちが、低賃金の労働を米国人から奪ってしまったのだ。

働き口が見つからない者は犯罪に手を染める。これが全米各地で勃発《ぼっぱつ》し、アメリカ社会は大混乱に陥ってしまった。しかし、これも革命運動の一環なのだ。

しかも民主党が選挙委員会を牛耳っている地区では、そんな人たちに投票権を与えてしまった。身分証明書も何もないままに、だ。こんな具合に、憲法も政治も破壊するようなことを、平気でやってのけたのである。彼らはそれを「リベラル」という看板の下で行なうが、実際はアメリカ共産主義革命の手段なのである。

「サンクチュアリシティー」（聖域都市）という言葉がある。違法入国者を捕まえず、難民として受け入れることを宣言した地域のことである。ニューヨーク、ロサンゼルス、シカゴ、サンフランシスコなどの民主党が支配するリベラル系の都市がそうである。違法入国者は決して捕まらない。身柄を確保されても強制送還されず、無罪放免なのである。

バイデン政権下で、違法入国者に入国時に与えられるのは、たった1枚の紙に過ぎない。そこには「2年後の何月何日に某所にある裁判所に出廷しなさい」と書かれている。つまり、それまでは米国に滞在することを許可するという意味であり、違法であろうと、現実的には入国を認めてしまっているわけだ。

その政策がもともとの米国の労働者の生活を悪化させた。しかし、それが極左の狙い目なのだ。労働者の職を奪えば社会が混乱する。「そこで行き着く先は社会主義革命しかないはずだ」と、彼らは目論んでいるのだ。

オバマにしろハリスにしろ、米国の左派は「高福祉・高負担社会」を唱えるが、しかし今、不法滞在や違法入国者の面倒はすべて税金で賄《まかな》われている。日本でも似たようなことがあるが、違法入国者の生活を支えるために、日本人の税金が使われている。

ニューヨーク市では、違法入国者の生活のための費用が1日1000万ドルにもなるという。1ドル150円だとすれば、15億円という計算になる。年間にしたら兆円単位の資金が必要だ。当然、市の財政は逼迫《ひっぱく》し、連邦政府の財政も破綻《はたん》しかねない。

2024年9月下旬、「ヘレン」という強烈なハリケーンが米国の東部と南部を襲い、サウスカロライナ州やジョージア州などの大統領選の「激戦州」で甚大な被害が発生した。本来なら、地震とか台風時に対応する連邦政府組織「連邦緊急事態管理庁」(FEMA)が救済に当たるべきところだが、予算がない。違法入国のために予算を使い切ったため、金庫はカラになってしまったのだ。

結局、一人当たり750ドルという涙金を支給しておしまい。一方、ハイチなどから来た違法入国者家族4人には年間約1万7000ドルも給付される可能性があるという。何という理不尽さだろう。誰が考えても国家財政を破綻させる「自国民冷遇、外国人優遇」。これがハリスの考えであり、背後にいて彼女を操るオバマの考えなのだ。

ここで最悪の学者の名前をもう一組、紹介しよう。リチャード・クロワードとフランシス・フォックス・ピブンという夫婦で、ともにコロンビア大学の社会学者である。

彼らはもともと民主党員ではなく、「民主社会党」という事実上の共産党のメンバーであり、1966年、すでに「ユニバーサル・ベーシックインカム（国民最低所得保障制度）」という考え方を打ち出している。アリンスキーのモデルをより具体的に展開したのが、クロワードとピブンの共産主義革命戦略なのだ。

ひと言で言えば、福祉制度を悪用し、国家を破壊しようとする革命プログラムである。

彼らにとって福祉制度は、低所得者を救済するシステムではない。進んだ資本主義国では、所得の少ない人も高い生活レベルを維持できる。所得の多い人からたくさん税金を取り、それで低所得者の所得を補うからだ。こうして高度な福祉生活を享受できるのが、福祉社会の理想である。

もちろん、こうした高度福祉社会が実現すると、共産主義革命が起こる余地がない。それどころか資本主義国家はますます栄えていく。それは、彼らとしては困る。そこで彼らは、高福祉社会を国家財政破綻の手段にしようと考えたのだ。

彼らは福祉受給者の人口と福祉の水準を、自治体や国家の財政負担の限界を超えて拡大し、福祉制度そのものを破壊することを目的にしている。つまり、意図的に国家の財政を破綻させるため、福祉プログラムを無制限に拡大するのが、このクロワード＝ピブン戦略の肝《きも》である。〝悪魔の戦略〟と言っていい。

共産主義革命と名乗らずに共産主義革命を実行しようとするわけだから、実に狡猾だ。

過去40年以上、民主党はこの路線を推進してきた。

バイデン政権の正体が暴露された！

オバマ、バイデン政権が実行した積極的なイスラム難民の受け入れも国家破壊のための手段である。米国は基本的にはキリスト教社会であり、イスラム教徒の波が押し寄せれば、確執、軋轢《あつれき》を起こすのは当たり前だ。それを起こさせるため、わざと大量のイスラム教徒を流入させたのだ。

CO_2排出規制に関しても、よく考える必要がある。後述するが、どうしても共産主義革命を推進したい人々の思惑と深く関係してくるからである。

「CO_2排出を規制しなければ、地球が温暖化で人類が滅びてしまう」というのは真っ赤なウソだ。その裏に「化石燃料は使ってはいけない。エネルギーを使わせずに、資本主義経済を破綻させよう」という共産主義者の思惑がある。明らかにエコを口実にした反資本主義の動きである。

実は「天然ガスと石油、石炭などの化石燃料を燃やすと大気中のCO_2量が増え、地球が限りなく温暖化していく」という考え方に科学的根拠はまったくない。詳しく述べると長くなるので割愛するが、ノーベル物理学賞を受賞した学者たちにも、「この理論は明らかにおかしい」と語る学者が何人も出ているほどである。

つまり、「化石燃料犯人説」は一種のカルトなのだ。「カーボンニュートラル教」「CO_2削減真理教」と呼んでもいい。世界中のマスコミがそれに踊らされているのである。

そもそも、「ここのところ地球は温暖化していない」などと発言したら、テレビにもラジオにも出られないし、大新聞にも物が書けない。実は、２０００年以降、大気中のCO_2濃度は増えているのに、地球全体は温暖化していないのだ。それなのに冷静な議論すらなされない。

数年前、この地球温暖化を防ぐため、「スイス国内全体でCO_2排出量を規制しよう」という法案がスイスで提出されたが、議会で否決された。理由は「これがもし正しいとしても、スイスが使っている化石燃料エネルギーは世界の０・１％にすぎない。そんな些細《ささい》な目的のために排出規制をして経済成長を犠牲にするのは無駄だ」という極めて理性的な理由だった。

CO_2規制をすれば、地球全体で使える化石燃料のエネルギー量が決まってしまう。すると経済成長が減速する。縮小再生産が続くと、行き着く先には大不況が待っている。

実は大不況こそ、革命を志向する人間が一番望んでいるものだ。みんなが困窮、飢えるのが革命のチャンスになるからだ。

これまでの環境規制は、たとえば水や空気に汚染物質を排出しないよう、硫化水素や窒素化合物などの大気中の汚染物質を○○PPM以下にするという規制である。これは総量規制ではない。その基準を守っていれば、いくらでも排水をしてもいいので、生産性は維持できる。

しかしCO_2規制は総量規制なのだ。石油だったらこれだけ、天然ガスだったらこれだけという形で消費量が決められている。それ以上使ってはいけないとなったら、資本主義経済の発展は望めない。

今、経済を動かすエネルギーの主力は、発電だけでなく、自動車も動力機関も、すべて化石燃料中心になっている。飛行機も鉄道も車も、交通機関は大体、化石燃料で動いている。カーボンニュートラルでストップしてしまったら、経済は発展しない。それこそが共産主義者が望むところなのだ。大きな政治勢力の動きとしては、共産主義者たちが資本主義経済を破壊する、その手段としてCO_2規制を利用しているだけなのだ。

筆者の見るところ、CO_2規制論は「社会主義的グローバリスト」がこれを創始し、原発推進派の「無国籍企業的グローバリスト」がこの論を支持するようになったものである。

カマラ・ハリスは極左中の極左

LGBTQ政策、一般的な高福祉政策、違法移民の無制限入国許可、CO_2規制……など、オバマ政権下の施策が、バイデン政権にも引き継がれ、イスラム難民の受け入れも加わり、米国という国家を破壊するためのプログラムが着々と進行した。

繰り返すが、カマラ・ハリスの政策は、オバマの政策、あるいはバイデンの政策をさらに過激、先鋭化したものと言っていい。ハリスは、選挙戦中は口を濁《にご》し、「国境をコントロールする」「違法移民を取り締まる」と唱えたが、過去の発言を調べればわかるように、ハリスの本心は「不法移民という言葉は使ってはいけない」のだ。「彼らをすべて受け入れるべき」であり、だから許可もビザもなくても、無制限に受け入れろと主張していた。しかも高福祉政策で、違法に入国してきた連中にまで、医療・福祉を国民が負担し、面倒を見なければいけないというのだ。

しかも「ブラック・ライヴズ・マター（BLM）」など、大都市で暴動を起こして逮捕された連中の保釈金を集めるのに、ハリスは熱心に活動してきた。

彼女は上院議員時代には、米国で最も左翼的、リベラルな上院議員だと目されてきた。当時、彼女自身もそのことを自慢にしていた。ハリスの父は有名なマルクス主義の学者であり、その影響を強く受けたのだろう。

高福祉政策で国家の破綻を目論むだけでなく、彼女は法人税、個人所得税の大幅増税を叫ぶ共産主義者なのだ。大企業が持つ特許を取り上げるという驚くべき発言も平気でしている。まさに極左中の極左である。

これでは米国での第3次産業革命は不可能などころか、経済成長が頭打ちになってしまう。だからトランプは「彼女はマルクス主義者だ」と、その危険性を見抜いていたのだ。

しかし、ハリスは意に介さない。資本主義を破壊するのが基本的な発想なのだから、それも当然だ。ただ、ハリスはオバマほどウソがうまくないので、いけしゃあしゃあと、弁舌さわやかに、立て板に水を流すように話すことまではできない。

ハリスは上院議員の前にはカリフォルニア州サンフランシスコ地域の地方検事をつとめ、州の司法長官もやっていた。司法長官時代のパワハラぶりは有名で、やたらと威張り散らすために、スタッフから蛇蝎《だかつ》の如く嫌われたという。

地方検事は有罪をたくさん勝ち取ったほうが成績は上がる。そこでハリスは権力を乱用し、偽証や証拠の改ざん、無罪の証拠の隠蔽などを繰り返し、犯罪者をつくり出した。また彼女自身も告白しているように、マリファナ関連で大量に起訴している。特にカリフォルニア州では、末端の利用者はマリファナへの抵抗が薄いので、常習者も多い。

ハリスの強引なやり方によって、後に冤罪《えんざい》だったと判明したケースもある。しかし彼女は自分の非を認めず、無実の人間を刑務所から出さないため、あらゆる手段を講じたという。無実の男性をさらに2年間刑務所に留めるように主張したことで、顰蹙《ひんしゅく》を買ったことがあり、被告人の公民権を侵害したことも一度や二度ではなかったという。

そういう意味でも、ハリスはまともな検察官だったのか、真にマイノリティーの人たちのために働いていたのか、疑問が湧いてくる。表面は人権主義者のふりをして、内実は正反対の権力主義者であったのが本当のところだろう。

我々日本人からすると、カリフォルニア州の検察官であれば、立派な教育を受け、厳正な態度で法の執行に臨んだ人だろうと思い込んでしまう。日本の検事は若干の政治的圧力があっても、公務に真面目に取り組んでいると尊敬されている。ところが、米国は違うのだ。検事は政治家と一緒で、選挙で選ばれる。地方検事であれば、少しの人気と選挙資金があれば当選できるのだ。

一方で、彼女は当時、サンフランシスコの黒人市長、ウィリー・ブラウンと深い関係にあったと言われている。実際にブラウンは「ハリスは俺の愛人だった」と公言しているのだから、信憑性《しんぴょうせい》は高い。ブラウンはカリフォルニア州議会の実力者であり、ブラウンとの関係がハリスの出世につながったことも事実のようだ。

以上、現在の米民主党の実態を見てきたが、オバマ時代から米国を分断するためのさまざまな仕掛けが実施されていた。それをなんとか阻止しようとしたのがトランプ政権だった。だが、トランプの阻止を阻《はば》むために、2020年の米大統領選で、民主党は不正選挙を仕組み、バイデン政権を誕生させた。そして、その後継者が、オバマよりも極左のカマラ・ハリスだったが、2024年の米大統領選でハリスが敗北、米国は救われたのだ。しかし、彼らが虎視眈々《こしたんたん》と起死回生の機会を狙っていることも忘れてはならない。

3章

トランプの反撃で、世界は平和に向かう！

――そしてアメリカ経済は黄金時代《ゴールデンエイジ》を迎える

アメリカン・ドリームの復活

第2次トランプ政権が発足したら米国はどう動いていくのだろうか？

まず経済政策を見てみよう。

特に貿易面では、大胆な関税政策を導入していくだろう。具体的にトランプは、チャイナからの輸入品には一律最低60％の高関税をかけると表明している。チャイナは対米最大の貿易黒字国で、トランプはこの不均衡な現状に大胆にメスを入れるはずだ。目的はアメリカの製造業を復活させるためである。

米国のサービス産業は好況だが、サービス産業の雇用だけが増えても、社会全体の賃金は上昇しない。サービス産業には低賃金労働者が多いからだ。

そこでトランプは、米国社会を人々の生活が豊かであった時代に戻そうとしている。たとえば高卒で製造業に従事し、定年まで働く。それで一戸建ての住宅が持て、子供が望めば大学進学もできる。これこそが典型的な〝アメリカン・ドリーム〟だ。

その理想がこの20年、30年、音を立てて崩れてしまった。それを何とか復活させようというのがトランプの悲願だ。そのためにはサービス産業の雇用を増やすのではなく、製造業の雇用を増やす必要がある。製造業を栄えさせ、付加価値の高い製造業の仕事を増やしていくしかない。だからこそ、外国との競争で負けた米国の製造業にアドバンテージを与えるために高関税をかけ、国内産業を保護していこうという考え方である。

チャイナだけでなく、米国に対して膨大な貿易黒字を持つ国、たとえば日本などにも、厳しい態度で臨んでくる。日本人はこれを覚悟する必要がある。

一方で、国内では大減税と大幅な規制緩和を実行するだろう。2025年には前回のトランプ減税の期限が切れる。この減税のおかげで経済は絶好調だった。再び継続させるとともに、法人税を21％から15％に引き下げる。同時に大規模な規制緩和もするだろう。「チャイナに制裁的な高関税をかけるとなれば、トランプになったらインフレになるのでは」と危惧《きぐ》する向きが多い。しかし、同じことを実行したトランプ第1次政権では、インフレは起きていない。物価上昇率は2％、失業率は3％と、理想的な経済状況で推移した。1期目の実績を見れば、今回もトランプの政策がインフレを起こすことはないと予測できる。規制緩和と減税で国内経済を効率化させ、生産性を上げ、新規雇用も生み出すという政策をとっていくだろう。

ひと言でいえば、これからの4年間、米経済はゴールデンエイジ（黄金時代）を迎えるのだ。筆者は「トランプが勝ったら米経済は黄金時代になる」と予測してきたが、トランプも勝利演説で同じことを叫んだ。まったくその通りなのだ。

米国の株価も順調に上がるだろう。現在はやや過熱気味で本来はもっと下がってもしかるべきだ。トランプ自身も「実体経済が良くないのに株価だけが高い。しかし私が大統領になることが決まったから、株高になっているのだ」と語っている。これは一面の真実である。

したがって、2025年前半、実体経済に即すように、米株価は少し下がるかもしれない。しかし、実質的な経済成長に支えられた経済ブームが来るので、長期的に株価も上昇していくはずである。

つまり、トランプ政権の4年間、米国への株式投資は非常に有望だろう。また、トランプ政策と直接的なかかわりはないが、金価格もずっと継続的に上昇傾向にある。

さらに米国を引っ張るハイテクセクターの王様のような人物、イーロン・マスクが政権入りすることで、トランプの経済政策も新たなステージを迎えるだろう。彼は新設される「政府効率化省」のトップ（共同トップに実業家のビベック・ラマスワミ）に就任するが、政

政府効率化省トップに起用されたイーロン・マスク（右）とビベック・ラマスワミ（写真：AFP/アフロ）

府の人員や予算の無駄遣いをなくし、行政を効率化するために辣腕《らつわん》を振るうだろう。早くも「2兆ドルの歳出削減が可能だ」と表明している。

　それだけではない。マスクが掌握するハイテク技術が国家に大いに役立つだろう。彼に導かれるように、もともとシリコンバレーで働いていた人たちが草の根保守だったトランプ陣営に加わっている。彼らはもともとグローバリストだったが、マスクと同様、民主国家、米国を守るためにトランプに力を貸す。そして、それが今後の米経済を牽引《けんいん》する大きな力になるはずだ。

　すると、AIを中心とする新しい産業革命が現実になる。マスクは、単にテスラで電気自動車をつくっているだけではない。彼は自動車の自動運転をはじめ、AI関連の特許をたくさん押さえているハイテク企業のトップであることを忘れてはいけない。

アメリカを再浮上させる施策「アイアンドーム」構想

また、トランプは「アイアンドーム」という、米国全土を覆《おお》うミサイル防衛網を設置すると語っている。イスラエルでは、すでに実戦に使われており、ミサイルが飛来しても、それを撃ち落としてしまうシステムである。見えないけれども鉄で覆《おお》ったドームのように国土を防衛する。

2024年10月、イランが200発近い弾道ミサイルでイスラエルを攻撃した。しかし、ほとんど撃ち落とされ、人的被害も皆無に近かった。

トランプの発想は米国版「アイアンドーム」である。かつてレーガン大統領が提唱したSDI（スターウォーズ構想）、戦略防衛構想がいよいよ実現されるのだ。実戦配備されれば、その抑止力の大きさは計りしれない。

確かに莫大な予算を必要とするが、世界最先端の防衛産業を生み出し、米国国内だけでなく、世界的に膨大な需要を生み出すはずだ。たとえば、最先端の半導体が不可欠になるが、台湾がどれだけ儲かるか、計り知れない。日本も恩恵を大いに受けるだろう。半導体関連の製造装置などの関連産業は、日本は世界のトップ水準にあるからだ。

ただトランプは、なるべく米国内で製造させようとするだろう。米国の法人税を21％から15％に下げる予定でもあり、国内産業が活況を呈するのは間違いない。

米経済は次の新しい次元の経済発展に向かっている。投資も活発になり、新しい職種が生まれていく。それが新しい製造業に向かうことになるだろう。まさにＡＩ革命である。

従来のトランプの政策は比較的守りの要素が強かったが、これからは少なくとも経済に関しては攻めの姿勢となるだろう。「新しい製造業でアメリカを牽引する」という姿勢は揺るがない。

第2次大戦後、米国経済を牽引したハイテク産業は、ほとんど国防産業のハイテクノロジーから生まれている。国防産業の副産物として、民間産業が発達したケースが多い。典型は宇宙衛星やジャンボジェット機などだ。政府が国防産業に集中投資して技術開発を行ない、最先端の軍事航空機をつくる。その技術が生かされ、ジャンボジェットなど大型旅客機が誕生した。あるいは最先端戦闘機のさまざまなテクノロジーが民間企業にスピンオフすることで、米国が世界経済を引っ張ることにもなった。

ところが、オバマ政権では〝宝の山〟であるNASAを実質的に潰してしまった。今のNASAには独自に宇宙ステーションまで超大型ロケットを打ち上げる力がなくなり、マスクの民間企業「スペースX」に頼っている有様だ。

ともかく、マスクが政権入りしたことで、トランプの経済政策がとても明るくなったと言える。米国にAI産業を中心とする新しい経済成長のエンジンが生まれてきたということだ。経済成長すれば、どんなに減税しても自然増収が増えるので、米国の財政赤字問題も自ずと解決してゆく。

ただし、2025年の夏までは株価も景気も低迷するかもしれない。バイデン政権の誤った経済政策を正すのに、時間がかかるからだ。

ディープステートの正体

少し話題を変えるが、「ディープステート」という言葉をご存じだろうか。「深層国家」と筆者は訳しているが、定義的に言えば「国家の中に選挙によらないもう一つの国家ができてしまっている」ことを指す。国家の中枢ないしは深層に存在する、もう一つの権力機構である。

「メディア」「議会」「官僚」が鉄の三角形をつくり、左派の方向に国家を導こうとしている勢力。これが「ディープステート」と呼ぶものの正体だ。

つまり議会のリベラル派と司法省、国務省などの高級官僚、メディア、言論人、専門家、大学教師などが団結し、左翼化の意図を持って政策を進めたり、政策に反対したりする。彼らのこのネットワークこそ、ディープステートなのである。バイデン民主党はこれを巧みに使い、トランプを排除しようと躍起になってきた。

誰か一人の中枢人物が存在し、みながその命令通りに行動しているというわけではないが、暗黙の了解で、お互いに左翼化の方向に政策を進める。反対に、敵と目される政治家、たとえばトランプのような人物が出てきたら、これを徹底して排除する。

前述したオバマ政権を例にとれば、ディープステートは自分たちと意見が一致するオバマやバイデンなどに味方する。

反対にトランプのような人物には排除を試みる。「ディープステート」とは、そんな形でエリート支配を遂行する〝陰の組織〟である。ここには決して大衆の意見は届かない。

トランプ以前は、実は筆者も「本当にディープステートはあるのか」と半信半疑だった。

しかし、実在することが徐々にわかってきたのだ。「ロシアゲート疑惑」を調べればハッキリする。ありもしないところに冤罪をつくり出し、議会で騒ぐ。官僚はマスコミにリークする。するとマスコミがさらに騒ぐという構図である。それをまた議会が取り上げる。

詳細に言えば、司法省あたりが情報をリークし、それを受けてFBIがトランプを敵視して攻撃し、議会はトランプを責め立てる。マスコミはそれを応援する。それがぐるぐる回り、お互いに力を強めながら、反トランプ運動を展開するという構図だ。

こんな協力関係を「隠れた鉄の三角形」とでも言えばよいだろうか。2021年以降も、続々と発生した反トランプ裁判を見ると、「確かにディープステートは実在する」と断言できる。

彼ら自身は、「それをすることが米国をよくすることなのだ」という信念を持っているのだろう。要約すれば、米国を解体し、自分の支配下に置くのが、ディープステート中枢の意図である。彼らはそうして〝国家を解体していくことが正しい〟と、心底信じているのだろう。

ディープステートの背後に英国守旧派が暗躍していることは疑う余地がない。というのも、ディープステートのメンバーに対して、タックスヘイブン・ネットワークで利便を与えているのが英国守旧派なのである。また、ロシアゲート事件の情報源が英国の対外諜報部（ＭＩ６）の元職員のクリストファー・スティールであることからも、これは明らかだ。ディープステートも「無国籍企業的グローバリスト」と「社会主義的グローバリスト」の連合軍である。

英国守旧派をバックに持つディープステートのネットワークは、国際的人身売買事件にも関係していたようだ。

たとえば、２０１９年に10代の少女らへの性的虐待で逮捕され、裁判開始前に「自殺」した米富豪、ジェフリー・エプスタイン被告の事件がある。数百人規模ともいわれる少女への深刻な性的虐待疑惑があり、二度も逮捕されている。

舞台となったのはフロリダやニューヨークなどの豪邸、カリブ海の個人所有の島であり、オバマやクリントン元大統領、英国のアンドルー王子など、そうそうたる顔ぶれとの交友関係などが取りざたされている。

エプスタイン事件の背後にいるのは、英国守旧派ではないか。彼らが性的接待サービスで各国の重要人物たちを篭絡《ろうらく》する、その汚れ仕事を引き受けていたのがエプスタインだったのではないか。

「ハドソン研究所」はトランプ派の顔をする反トランプ派

トランプたち草の根保守派が頑張らなければ、米国はディープステートによるグローバリズム政策で完全にコントロールされることになっていただろう。

幸いなことに、トランプ政権誕生でひとまず危機は回避されたが、実は「トランプ派の顔をしていても、真のトランプ派でない連中がたくさんいる」ことを忘れるべきではない。それを見極めておかないと、真実は見えてこない。トランプ派のディープステートとの真の戦いは、まだ始まったばかりなのだ。

特に、次の二つのシンクタンクは要注意だ。「ハドソン研究所」と「ヘリテージ財団」である。

ハドソン研究所は保守系の外交・安全保障政策のシンクタンクで、トランプ第2次政権に食い込もうとしてトランプ派のふりをしている。しかし実態は反トランプで、「無国籍企業的グローバリスト」をバックとしたネオコン、つまり「ネオコンサバティブの巣窟《そうくつ》」である。

その証拠に、反トランプ色が鮮明なマイク・ポンペオ元国務長官をはじめ、ビル・バー元司法長官、マイク・ギャラガー元下院議員、ニッキー・ヘイリー元国連大使など、共和党の中でも反トランプ派の面々が要職に就いている。

トランプ政権の国務長官だったポンペオは、主要メンバーとしてハドソンに在籍している。彼は自らも2024年の大統領候補に名乗りを上げたが、まったく人気が出ず、すぐに撤退した。

また、トランプ政権の閣僚であったバー元司法長官も、トランプの味方をするようでいながら、20年の大統領選挙不正があった時には、司法長官として不正選挙を正すことを一つもやらず、最後までサボタージュし続けた。味方のような顔をして1件も立件せず、不正選挙を認めてしまい、最後にはトランプに首を切られてしまった。

共和党のギャラガー元下院議員は元軍人で、反中国共産党の戦闘的な人物なのだが、24年4月、議員を辞職した。

米下院の場合、民主党と共和党の議席数の差が少ないのに、共和党の議席を一つ減らしてしまったのだ。要はトランプを助けないで敵前逃亡をしたということだが、ギャラガーもハドソン研究所の研究員になっている。そして、予備選挙で最後までトランプと戦っていたニッキー・ヘイリー元国連大使もハドソンの特別研究員である。

このように共和党員だったが、反トランプ派の人物がハドソン研究所の特別研究員になっているのを見ると、「彼らの政策」＝「トランプの政策」ではないことがはっきりする。

ネオコンとは、共和党内における超タカ派集団で、もともと極左から極右に転向した人たちが多い。１９７０代に、民主党よりもさらに左の人たちが共和党に入ってきて、共和党保守派に合流するという動きがあった。だから「新保守派」＝「ネオコンサバティブ」と呼ばれているのだが、〝ネオコンのゴッドファーザー〟と言われた男がいた。

アーヴィング・クリストルという学者で、マルクス主義革命の支持者であり、ロシアの革命家、トロツキーに共鳴する「トロツキスト」（トロツキー主義者）として有名だった。

彼はユダヤ系で、同じユダヤ系の未来学者として有名なダニエル・ベルなどと親しかった。ベルは情報化社会論を提唱した有名な社会学者で、「ポスト・インダストリアル・ソサエティ（脱工業化社会）」という概念を打ち出した。ベルはハーバード大学社会学部の教授である。

ネオコンは、特にユダヤ系だけではないが、ユダヤ系が多いのは間違いない。インテリの中ではユダヤ系が多いのは事実だ。

今、世界の世論は反イスラエル的論調が多い。左翼が多い世界のマスコミはパレスチナ解放運動に同情的で、反イスラエルの論調が強い。同じ左派勢力、かつてのソ連や中国共産党もＰＬＯ（パレスチナ解放機構）などのパレスチナ解放運動を支持しており、反イスラエルだった。

しかしクリストルなど、かつてのユダヤ系の極左は、同じユダヤ系の連中がつくった国ということで「イスラエル」を支持した。

その反面、国内では極左政策を打ち出す。これは明らかに矛盾している。イスラエル支持でありながら、国内問題では超リベラルで左翼的立場というのでは矛盾である。そこで彼らは左翼の立場を捨て去り、「ネオコンサバティブ」として共和党の超タカ派に変身したのである。

脅威を増すネオコン・グローバリストの影響力

ネオコンは共和党のタカ派でありながら、民主化、自由化を絶対的な価値観として据えている。したがって、どんな国でも自由化、民主化することが善であり、そのためには米国は戦争をしても支援すべきだという立場である。いわば「戦争挑発」の姿勢である。

言うまでもなく、世界中で戦争し続けることは、米国という国家の国益に反する。しかしネオコンは、民主政治、自由のためならなんでもやる。とても危険な思想の集団なのだ。たとえば、イラクのサダム・フセインを倒すために起こしたイラク戦争、ネオコンはこれに大賛成であった。でも、筆者に言わせれば、あんなバカバカしい戦争はなかった。

フセインは独裁者で、民主制国家からすれば悪の存在なのはわかる。しかし、フセインとアルカイダは対立していた。フセインは世俗的な独裁者だった。一方のアルカイダはイスラム教スンニ派の過激派。その立場から反米運動を展開していたのだ。

つまり、フセインにとってもアルカイダは敵だ。アルカイダの浸透を許したら自らの政権が転覆の危機にさらされるので、アルカイダと戦っていたのである。そこで「9・11」事件の後、フセイン政権が米国に情報提供の協力をすると言ってきたのだが、米国は断ってしまった。

しかし、そうした問題を無視し、「フセインは独裁者だから悪いやつ」と決めつけ、政権を転覆させて民主化するのが正しいことなのか？　それを推し進めるネオコンの言うとおりにしたら、アメリカは世界中で戦争をし続けなければならない。

2001年の「9・11」事件そのものも裏で糸を引く連中がいて、おそらく英国守旧派がイスラム過激派を援助し、ニューヨークの貿易センタービルに航空機を突っ込ませたのだと、筆者は考えている。米国の国内に、それを手引きする連中がいたのは確かである。そうでなければ、あれだけ大規模な同時多発テロは不可能だ。その報復のためにブッシュ・ジュニア政権が「首謀者のアルカイダを匿《かくま》っている」という理屈をつけて、アフガニスタンを攻撃したのは、もっともだ。

しかし、その結果どうなったか。一度はタリバン政権を潰したが、アフガニスタンは泥沼化して、結局、米軍は撤退、タリバン政権が復活して厳格なイスラム統治の国になってしまった。

「新・悪の枢軸」を唱える真の目的とは?

このように、ネオコンは侵略を受ける前にも他国への攻撃を正当化する「防衛戦争」を支持してきただけでなく、積極的に戦争を仕掛け、勃発《ぼっぱつ》させていく傾向を持つ。反ロシアのウクライナ戦争の支援はその好例だ。最近では「新・悪の枢軸国家論」(ロシア・チャイナ・イラン）を展開し、実際に戦争を起こすことを画策している。そのためにロシア脅威論を喧伝《けんでん》し、ロシアと協調関係にあるチャイナやイランとの対立を煽《あお》るのだ。

２０１１年11月、オバマが「ピボット・トゥー・アジア」という、アジアへの軸足の転換政策を発表した。対中国共産党封じ込めのため、戦略拠点をアジアに移すという政策だ。結局、オバマは言葉だけで、米軍のアジア転換はほとんどやらなかった。

オバマ自身は親中派であり、彼の弟もチャイニーズと結婚しており、同じく親中派だ。だからオバマは、実際の反中政策はとらなかったのだ。

ただ、ハドソン研究所の姿勢は一貫している。「ピボット・トゥー・アジア」の延長線上で、「冷戦構造を新たにアジアでつくり出す。中国共産党、そして北朝鮮が敵である」と考えている。そのため、アジアで日本、韓国を中心に対中、対北朝鮮包囲網を形成する方針は変えていない。欧州でも「ロシアを敵として新しい冷戦構造をつくる」、それがネオコンの目指すところである。

ハドソン研究所がチャイナや北朝鮮の脅威を言い立ててくれるのは、米国の国民を啓蒙《けいもう》する上で役に立つ面がある。ただ注意しなければならないのは、彼らは実際に戦争をやりたいと思っているので、アジアにおいてウクライナ戦争のような形態を仕掛けないとも限らない点である。

ウクライナ戦争をハドソン研究所が仕掛けたとは言わない。ネオコンは共和党内右派の存在だが、今度の戦争を仕掛けたのは民主党内の極左の戦争屋たちである。

考え方は同じようなものだが、彼らは決してコンサバティブではなく、ネオコンではない。ただし、戦争をどんどん各地で起こしていく形で米国の力を浪費させようと目論む点では、ネオコンと〝民主党内極左〟戦争屋とは考え方が一緒であるとともに、英国守旧派につながっている。

チャイナは急速な経済成長を基盤に、アジア地域で軍事拡張の姿勢を見せてきた。それに対し、アメリカ、日本、インド、台湾、オーストラリアなどが協力して対抗していこうというのが現在の東アジア情勢だ。

こういったアジアの同盟重視は、アジアの自由主義国はもちろん、アメリカの国益からも重要である。抑止による平和の実現である。

しかしハドソン研究所が目指すのは、そうした現実主義的な外交戦略ではなく、むしろ東アジアに新たな対立構造、すなわち米中冷戦構造をつくり上げようとするものだ。場合によっては火のないところに煙を立て、地域に紛争や戦争をつくり出そうとする、非常に危険な考えをハドソン研究所は持っている。

これはトランプの戦争抑止策と正反対である。トランプは優位な軍事力を構築し、抑止力として米軍は機能すべきだと考えている。あくまで戦争を起こさないことを国防の主眼とし、戦争抑止に必要とあれば、北朝鮮の金正恩《キムジョンウン》とも喜んで会う。つまり戦力均衡による戦争抑止に重点を置いているので、相手国の国内体制転換までは考えていない。

その証拠に、トランプ第1次政権では新しい軍事紛争は一つも起こさなかった。むしろ、それ以前から引きずっていた軍事紛争もすべて解決した。これがトランプ流の平和的な外交政策だ。ハドソン研究所とは基本的なスタンスがまったく異なる。

石破茂が総裁選に勝利した直後、「日本の外交政策の将来」という短い論文をハドソン研究所に寄稿したが、ハドソン研究所に抱き込まれる可能性が大いにある。

筆者は、北朝鮮や中国共産党の危険性について彼らが提言するのは大賛成だ。しかし、ウクライナのように、日本本土や台湾が戦場にされたらたまらない。しかし、ハドソン研究所はそんなことに頓着せず、日本や台湾を戦場にしても構わないと考えているようだ。

なぜなら、ネオコンは、実際に戦争を起こし、それによって利益を得る勢力の代理人である。背後にはタックスヘイブンを擁護する英国守旧派が控えている。

ハドソン研究所の創設者、ハーマン・カーン

ハドソン研究所とローマクラブ

ハドソン研究所は１９６１年にハーマン・カーンが設立した。カーンは１９２２年生まれで83年に亡くなった。彼は未来学者でもあり、また戦略問題の研究者でもある。元は物理学者、数学者で、ＩＱは２００だったともいう。驚くべき知能の持ち主だ。

彼が頭角を現したのは、『熱核戦争論』という本を出版してからである。万が一、核戦争が起きたら世界はどうなるかと、プリンストン大学で一連の想定シナリオに基づく講演を行ない、これを集めてつくったのがこの著書である。

これまで、核戦争をリアルに考えるのはタブーとされてきたが、そのタブーを破り、もしそういうことが起きたらどういうことになるのか、それについて考えるべきだと提言したのである。

彼の有名な言葉に、「考えられないことを考える。考えてはいけないと思っていることについても、考えを巡らして準備しておかなければいけない」というものがある。つまり、リアリズムに基づく核戦略の重要性を説いたのだ。

1964年に『ドクター・ストレンジ・ラヴ』という映画（監督：スタンリー・キューブリック）が公開された。邦題は『博士の異常な愛情』。このモデルこそハーマン・カーンだと言われている。

時は米ソ冷戦の真っ只中、62年にはキューバミサイル危機が起き、人類は核戦争の一歩手前まで行った。そんな時に、実際に核戦争が起きたらどんなことになるかを一般書として大衆に啓蒙したカーンの功績は大きかった。核戦争に至るエスカレーションは、どうやって起こるのか、シミュレーションもしている。

また、いち早く日本に注目し、『超国家日本の挑戦』という本も執筆し、日本はこれから経済的に大飛躍すると、予測した。時の佐藤栄作総理大臣がカーンを日本に呼び、対談したこともある。

ハーマン・カーンが1983年に亡くなった以降も、ハドソン研究所はカーンの能力や個性を引き継ぎ、政府の相談にいつでも応えられるような、また米軍に近いタカ派の安全保障問題専門のシンクタンクとして一定の高い評価を得ていた。

ハドソン研究所は、また未来研究を売り物にしている。72年、民間シンクタンク「ローマクラブ」が論文「成長の限界」を発表し世界に衝撃を与えた。欧州の経済リーダーたちは「人口増加と資源の枯渇《こかつ》で世界の文明は崩壊しかねない」と提言し、「これ以上、人口を増やしてはいけない、石油をどんどん使っていくと、やがて資源が枯渇する」と力説した。

これに対してハドソン研究所は「いや、ローマクラブの未来予測は悲観的過ぎる」と、真っ向から反論した。ハドソン研究所は科学技術志向が強く、「テクノロジーによるイノベーション（技術革新）があれば資源の壁は乗り越えられる、だから人口が増えても大した問題ではない」と主張したのだ。

ローマクラブの論文は欧州中心、すなわち白人先進国中心の人種的偏見が強い未来予測であったと言える。だが、ハドソン研究所の反論は、技術革新至上主義とでも言おうか、テクノロジーが未来を開拓するという、極めて楽観主義的な未来予測だった。

「ヘリテージ財団」の〝反トランプ〟からの転身は本当か

注目すべきもう一つが、同じく保守系シンクタンク「ヘリテージ財団」である。ここはハドソン研究所と異なり、経済政策などに関するシンクタンクである。国内問題の各種政策を提言しているが、英国のフェビアン協会（老舗《しにせ》の社会主義協会）と深く結びついているため、英国の影響力がとても強い。そのため、ヘリテージ財団は「保守思想を利用してアメリカに左翼思想を押し付ける」ことを目的としていると推測できる。

表向きは「草の根保守」の顔をし、一時的に親トランプになったこともある。しかし、「現在のヘリテージ財団」＝「トランプ派」ではない。

実際のところ、現在はトランプの主張を換骨奪胎《かんこつだったい》し、英国守旧派が望むような政策に誘導するためのシンクタンクになっている。トランプ派でヘリテージ財団に関係している人物も少なくない。「我々こそトランプ支持のシンクタンクである」と公言しているが、これも真っ赤なウソ。この財団の中にはディープステートの勢力が深く入り込んでいる。

同財団は「トランプ主義を制度化したい」という目的で『プロジェクト２０２５』という

分厚い政策集を発表したが、これはトランプとは一切関係がない。というのも、この中に「妊娠中絶を全面的に禁止する」と書いてあるが、トランプの立場とは違う。妊娠中絶に関しては、アメリカ連邦最高裁の判断が出されている。「それは各州で決めてください」ということだ。妊娠中絶が合法の州もあれば、非合法の州もある。トランプの立場は、この連邦最高裁の立場と一致している。

中絶禁止の州といっても、全面禁止というわけではなく、「妊娠何週間目まではいいが、それ以降はいけない」とか、もちろん「犯罪やレイプで妊娠した場合は中絶していい」という例外措置を設けている。こういったことは州ごとに決め、連邦の最高裁としては、その判断はしないということである。極めて合理的な判断だ。

米憲法を見ても、どこにも「人工中絶が女性の権利である」とは書いていない。したがって、世界最古の成文憲法であるアメリカの憲法が「女性の妊娠中絶を権利として認知していない」のは事実だ。しかし、違法であるとも言っていない。

しかし、それをどう判断するのかというと、「妊娠中絶は人間の命を奪う殺人だ。だから良くない」という考え方もあるし、また「それは悲しいことであるけれども、特に生活にとって必要なことでもあるし、それは合法の行為として認める」という判断もあり得る。

トランプは「それは州の権限で決めてください。州の議会と最終的には州の最高裁の判断に任せます」という立場だ。ところが日本では「トランプは妊娠中絶を一律禁止する。違法化する」としか報道されていない。しかも『プロジェクト2025』に関しては、トランプは「全然関係ない、私は読んだこともない」と語っている。

フェビアン協会は極めて怪しい組織

ヘリテージ財団は、英国のフェビアン協会という社会主義協会と深く結びついた団体である。フェビアン協会は英国守旧派の一角をなす、英国の社会主義団体である。暴力革命でなく、漸進的かつ改革主義を通じての「民主的社会革命」の実現を目的としている。

しかしこの「民主的社会主義」は、1848年の『共産党宣言』の趣旨に厳密に従うもので、この協会は完全な共産主義社会を実現することを目的としている。つまり共産主義を「福祉国家」や「民主的社会主義」と言い換えているに過ぎない。

しかも彼らの言う「福祉国家」においては、エリートによる合理的、かつ権威主義的統治が行なわれ、一般市民はこの独裁的な制度で一方的に統治される存在でしかない。つまり彼らが理想とする社会とは、独裁的な階級制度社会であり、優れたエリートが〝愚かな大衆〟を支配する社会のことである。

そして1世紀以上の時間をかけ、彼らの思想は徐々に米国社会に伝染していった。

1972年、大手酒造メーカー、クアーズビールのオーナー経営者や有力企業のトップなどが資金を出し合い、米国にヘリテージ財団が創立された。

ヘリテージ財団は初期からフェビアン協会の強い影響下にあった。

そして、政権に自分たちの望むような人間を送り込み、社会を分裂させるような政策をとろうと、虎視眈々《こしたんたん》とチャンスを狙っていた。

フェビアン協会のシンボルマーク

たとえば、レーガン政権の発足当時、ヘリテージ財団は英国労働党左派の指導者、アンソニー・ウェッジウッド・ベンの指導の下に、「レーガンをサッチャー化する」ために重要な役割を果たしたと言われている。

「レーガンのサッチャー化」とは、草の根保守の色が強かったレーガン政権を「無国籍企業的グローバリズム」に変身させることである。

サッチャーとレーガンは似ているようで違う。レーガンはアメリカの国益第一主義者だ。「アメリカ・ファースト」はトランプの言葉だが、そもそも言い出したのはレーガンだ。「アメリカ・ファーストで行こう」と語り、草の根保守的な、国民の利益のための政治をするという姿勢が、レーガンの原点だった。

しかし、レーガン政権の在任8年の間に、徐々にグローバリスト、無国籍企業のための政治へと変質していった。それを演出していたのがヘリテージ財団である。

では、サッチャーはどうだったのか。表向きは保守だが、英国守旧派の「無国籍企業的グローバリズム」に英国の愛国心という「保守の衣」を着せたのがサッチャー主義である。

サッチャーが行なったものに「ビッグ・バン」と言われるロンドンのシティの大規制緩和がある。シティは金融業のメッカであり、当時の英国では金融産業以外の産業は死に絶えてしまっていた。ビッグ・バンは確かにシティの金融業界を大発展させた。しかし、サッチャーの下、すべての面で自由競争第一主義となり、国民としての一体感も薄れていった。

国民生活を支える基本的なインフラ、政府施設、企業、病院、上下水道のようなパブリックサービスにまで民営化の嵐が襲い、マーケット原理主義社会になっていった。

たとえば病院もそうだ。今まで公立の病院だったのが、経費がかかりすぎるので民営化が進められた。そのため外資が買い取ることもあり、医療費が格段に上がり、一般の人は通院できなくなる。英国にも国民皆保険制度はあるが、保険医にしかかかれないため、長いこと待たなければならなくなる。

このように国民として最低限の文明的生活をするための社会インフラまで、民営化し、売り払ってしまった。それが今の英国が貧困化した大きな理由になっている。

サッチャーのマーケット原理主義は、以上のような結果をもたらした。当初、レーガンはそのようには考えていなかった。しかしグローバル資本の利益になるよう、マーケット原理主義を取り入れ、「レーガンをサッチャー化する」ことがヘリテージ財団の目的だったというわけである。

「保守派が気づいてももう手遅れだ！」

ヘリテージ財団の主要研究員、スチュワート・バトラーは１９７９年～２０１４年まで35年間、同財団に勤め、重鎮だった。彼は英国生まれで、ヘリテージを辞めた後、14年9

月、ブルッキングス研究所の主席研究員になった。

ブルッキングス研究所とは、民主党の中でも急進リベラル、左のシンクタンクと目されている。ヘリテージ財団という右派的な組織から極左組織に移ることなど、通常はあり得ない。しかしこの事実は、ヘリテージ財団内に英国のフェビアン協会の労働党系リベラリズムが深く入り込んでいることを証明している。

バトラーは回顧録で、1980年のレーガン勝利に際し、「米国人は保守が勝利したと思っていたようだが、実際には敗北していたのだ」と語っている。レーガン政権の重要なポジションは、ヘリテージ財団によって推薦されたフェビアン主義者、つまり社会主義者によって占められることになったからだ。バトラーは「後で保守派がこれに気づいても、時すでに遅しだった」と、内幕を明かすような話もしている。

ヘリテージ財団を当時、指導していたビッカーズ・ホール卿は米国フェビアン協会の会長であり、MI6のシニア・オフィサーでもあった。そういう意味でもヘリテージ財団は英国に支配されていたのだ。

つまり、「無国籍企業的グローバリズム」の中心である英国守旧派が、フェビアン協会を通じ、ヘリテージ財団をコントロールしていたというわけだ。国民皆保険のオバマケアの原型の一つをつくったのもフェビアン協会、そしてヘリテージ財団である。

ところが一時期、ヘリテージ財団がトランプに近づいたことがある。13年4月、ジム・デミント元上院議員がヘリテージ財団の会長に就任した。デミントは非常にトランプに近い立場で、2013年4月、ヘリテージ財団会長に就任してから急速にトランプとの距離を縮め、トランプが大統領選に挑戦すると、ヘリテージ財団はトランプ応援団に完全に変身した。

ところが、17年5月、デミントが会長職を突然、解任されてしまったのだ。財団に資金を提供する人々の、「ヘリテージ財団＝トランプ」となるのは望ましくないという意向が反映されたのだ。ヘリテージ財団は草の根保守排除のため、デミントの首を切ったというわけである。その結果、ヘリテージ財団は再び、反トランプの立場をとるようになり、フロリダ州のロン・デサンティス知事やマルコ・ルビオ上院議員を支持するようになった。

ところが今回、トランプ再選の可能性が高まってくるにつれて、トランプに近づき「我々はトランプのシンクタンクだ」と盛んに宣伝し、さらに保守系の団体を糾合し、政策提言書を提出したりしている。この政策提言書が示している方向は、イコール・トランプ政権ではない。

たとえば、前述したようにヘリテージ財団は「妊娠中絶を全面禁止する」などと過激な提言をする。これを全米中に強制したら、米国が本当に分裂してしまう。そこでトランプは「中絶問題は各州に任せよう。国家の問題ではない」という姿勢に転じた。

トランプだけではなく、「これが良識的な線だ」と国民の多くが考えていた。国民を分裂させるような問題にしない、中絶問題でアメリカが深い対立を抱え込むようなことはやめようと、トランプはいわば爆弾から信管を抜いたわけである。ところがヘリテージ財団は、隙あらばと、それをまた爆発させようとしているのだ。

繰り返すが、ヘリテージ財団は親トランプを標榜《ひょうぼう》するが、実は似非《えせ》トランプ主義団体である。日本でも「ハドソン研究所やヘリテージ財団はトランプと同じだ」と考えている人が多いが、それではトランプ政権の真意と、今後の動向を見誤ることになるだろう。

ユダヤ系がトランプ支持に変わった理由

今回の大統領選では、民主党支持派だったユダヤ系が、急速にトランプ支持に回ったケースが多々見られた。元来、米国ユダヤ系の約9割は民主党支持であった。それが急変したのは、民主党内の極左グループ「ザ・スクワッド」という親パレスチナ、反イスラエルのグループへの反感からである。ザ・スクワッドは「部隊」という意味で、民主党過激派政治家の極左9人のグループである。この連中が反イスラエルなのだ。

2023年10月7日、ハマスがイスラエルに大規模な同時多発テロを起こし、1500人以上を一度に殺害し、200人以上もの人質を取った。当然、イスラエルは反撃した。

そのような状況で民主党内に、ハマスとイスラム過激派を支援する動きが出てきたのだ。米国各地の有名大学、ハーバード大学やプリンストン大学などでも、反イスラエル運動が巻き起こった。今まで民主党支持だったリベラルの連中がこれに加わった。そしてユダヤ系の学生が差別され、圧迫を受けた。

しかし、過激化する一方の動きに、ユダヤ系の人々が反発を強めた。「暴動にお目こぼしをしているなんて、一体どうなっているのだ」と、民主党と大学当局の姿勢を疑問視する動きが表面化してきたのである。

表向きはカマラ・ハリスもバイデンも、イスラエルが自国を防衛するのは当然だと言っているが、「ハマスに対する戦争をすぐやめろ」とか「ヒズボラを爆撃するのをやめろ」などと、イスラエルの手を縛るような要求ばかりを繰り返してきた。

イスラエルがイスラムの過激テロリズムと戦う最前線にいるのは、先進国にとってはありがたいことであるはずだ。過激なイスラム・テロリストは世界の脅威だからだ。

しかし、イスラエルの手を縛るようなことばかり発言する連中がいるのも確かだ。米国内や民主党内にも反イスラエル派が多いからである。特に富裕層のユダヤ系の人たちが、自分たちが財政的に支援してきた有名大学で反イスラエルデモが起きたことにショックを受けた。それを取り締まらない大学側にも極左が多いのである。図式的に言えば、「左翼=親パレスチナ、反イスラエル」である。そのような流れもあり、米国内のユダヤ系も、トランプ支持者が増え、それが票につながったのである。

8月15日、トランプは「反ユダヤ主義との戦い」というイベントに参加した。主催者はミリアム・エーデルソンであり、未亡人である。亡くなったご主人、シャルドン・エーデルソンは16年の大統領選挙でトランプを支持した有力な在米ユダヤ人だった。

亡くなったご主人の遺志を継ぐ形でエーデルソン夫人が登壇し、「イスラエルがピンチにある今、イスラエルを揺るぎなく応援しているトランプを断固支持します」と、全面的支持を打ち出した。

その場でトランプも「トランプのためのユダヤ人の声」という団体を立ち上げた。すると、続々とユダヤ系のトランプ支持者が集まったのだ。これまで民主党を支えていた主要支持層の「ユダヤ人」が、大量にトランプになびいたのである。

ではなぜ、トランプがそれほどの支持を集めたのか。ユダヤ系やイスラエルとの信頼が厚いこともあるが、次のような理由が挙げられる。

ひとつは長女、イヴァンカ・トランプの存在である。イヴァンカはユダヤ人のジャレッド・クシュナーと結婚している。クシュナーは優秀な人物で、第1期トランプ政権でも重要な役割を果たした。

クシュナーはユダヤ教徒だ。一方でイヴァンカはキリスト教徒として育てられた。結婚の際に、イヴァンカはユダヤ教に改宗し、宗教的にはユダヤ人になったわけだ。

クシュナーはユダヤ教徒の中でも「正統派（オーソドックス）」に属し、守るべき宗教戒律が数多くある。たとえば金曜の夜から土曜の休息日は仕事をしないなど、厳格な宗教的規律をきちんと守る。食習慣でも、有名なのは豚肉を食べないことだが、そのような規律をしっかり守って暮らしている。

トランプからすれば、ユダヤ人の家にお嫁に出し、娘さんもユダヤ教徒になったということは非常に大きな意味を持つ。

日本の戦国時代にも、大名の間で自分の娘を嫁に出すと、その国同士が同盟関係になることがあったが、それと似たような感じだろうか。

エルサレムの米大使館問題がポイント

トランプが親イスラエルであることは、米大使館移転問題でも明らかだ。歴代のアメリカ大統領は、ビル・クリントン以来、米大使館のテルアビブからエルサレムへの移転を約束してきた。イスラエルは首都をテルアビブからエルサレムに移したので、当然、米大使館もエルサレムに移すのが筋である。

米国は大使館をエルサレムに移す約束をしていた。米議会がこれを可決し、大統領に実行を求めていた。移転は大統領の義務でもあったのだ。

しかし、トランプ以前の大統領はその約束を破り続けてきた。というのは、大統領は大統領特権で、これを延期できるからだ。「今はその時にあらず」と言い訳をすれば、6カ月延長可能だ。クリントンは6カ月ずつ延長を繰り返して、彼の任期である2期8年間実行しなかった。

その後のブッシュ・ジュニアも実行しなかった。アラブ諸国が怒るからである。サウジアラビアなど、アメリカにとって重要な国を敵に回した場合のトラブルのほうを怖れたのだ。もちろんオバマも実行しなかった。みな6カ月ごとに大統領署名で延期を繰り返してきた。しかし、クリントンもブッシュ・ジュニアもオバマも候補者のときは、大使館移転を公約していたのである。

トランプも、大統領候補の際にエルサレムに米大使館を移転することを公約した。トランプは「約束を守らない政治家は大嫌いだ。ウソばっかりついている政治家が多いから、それが政治に対する信頼感をなくしている。だから私は約束を必ず守る」とも語った。

予算の問題などは議会の同意が必要になるが、この公約は大統領令でできることだ。トランプは移転を実行した。もちろん、サウジアラビアなどのアラブ諸国に根回しをしたうえである。

反発も予想されたが、結局、何の問題も起きなかった。イスラエルからすると、ようやく約束を守る大統領が出現したということで、トランプに全幅の信頼を寄せるようになったのだ。

ところが、現在のネタニヤフ首相は積極果敢にテロと戦ってはいるが、国内で汚職問題を抱えており、しかもトランプとの関係は微妙だ。

トランプとネタニヤフの関係は良好かと言えば疑問符がつく。というのも、トランプ政権のとき、イラン革命防衛隊のガセム・ソレイマニ司令官を暗殺した。しかし、イランは米国との戦争は選択しなかった。イラン国内でも、革命防衛隊は〝国の中の国〟というような存在で、最高指導者のハメネイ師としても「目の上のたんこぶ」のような存在になっていたようで、おそらくその点も見極めたうえでの暗殺と思われる。

この暗殺に関して、トランプはネタニヤフに「米国とイスラエルの共同作戦でやろう」と提言した。最初は乗り気だったネタニヤフだが、最終的に怖気《おぞけ》をふるい、米単独の作戦になったという経緯がある。

また、2020年米大統領選挙のとき、ネタニヤフはいち早く、バイデンに祝電を入れた。まだ不正選挙で結果が確定していないタイミングだったにもかかわらずである。トランプはそんなネタニヤフの対応を見て不快に思っていたに違いない。つまり、世間が思うほど、ネタニヤフとトランプの仲が良好とは言えないのだ。

ただし、トランプはイスラエルを重要視する姿勢は変わらない。イスラエル国民もトランプへの信頼感は揺るがない。

大統領に返り咲いたトランプは、サウジアラビアとイスラエルの国交回復に動くはずである。トランプは単に大使館をエルサレムに移転しただけではなく、アラブ諸国にも配慮している。彼は戦争を起こしたくないという考えの持ち主だから、イスラム教4カ国（アラブ首長国連邦〈UAE〉、バーレーン、スーダン、モロッコ）とイスラエルとの国交正常化を実現している。こういった形で平和への道をつけるのが、トランプ流中東外交なのである。

トランプは、イスラエルとイランの戦争回避にも積極的に動くだろう。

4章

欧州の惨状

——グローバル化で破壊された英国、フランス、ドイツ、EU

「グローバリズム」を否定せよ

米国や欧州、そして日本では、外国からの移民がどんどん入ってきている。米国の場合、バイデン政権下で、不法移民を全面的に合法化してしまった。

不法移民を無理やり政治的亡命者扱いにし、合法の滞在者にし、そのために膨大な資金を使う。先ほど例を出したが、米国でハリケーン「ヘレン」が2024年9月下旬にアメリカの東南部を襲った。しかし災害対策のための予算がない。不法移民救済のためにお金を使ってしまったからだ。ニューヨーク市でも不法移民救済のために、1日約1000万ドルかかっているという。

不法移民の流入は、治安を悪化させ、犯罪の多発を招く。また不法移民も働かないと生きていけないから、低賃金の仕事をどんどん奪っていき、国民の雇用が奪われていく。その結果、今まで真面目に税金を払い、法律を守ってきた市民が困窮《こんきゅう》していく。こうして医療や生活保護など福祉政策関連の政府支出がますます増える。そうなれば、財政破綻も目前に迫る。そうなると、前述したように、オバマのような潜在的共産主義者がほくそ笑むことになる。

もう一つの問題は環境政策である。CO_2削減政策は経済成長を阻害する。もはや「脱炭素」を標榜《ひょうぼう》し、ガソリンやディーゼルエンジンの使用を抑制しすぎるのは無理があることがわかってきた。しかし、それだけではない。自動車のエンジンは機械工業文明の中心的な存在であり、さまざまなノウハウが集中している。つまり内燃機関をつくらないとなったら、製造業や国防産業全体を弱体化させることになる。

しかもウクライナ戦争の戦費負担のため、先進各国はさらに膨大な支出を強いられている。ただでさえ悪い財政がさらに悪化し、ウクライナのために国内の災害被災者を助けられないなどというバカバカしい状況になって、米国でも「何のための政治なのか」という批判が高まったのだ。国民から「我々よりウクライナのほうが大事なのか」という素朴な疑問が出るのも無理はない。

なぜ、こういった事態が起きているのか？　結論を言えば、「グローバリズムによる国家破壊」が進んでいるからだ。

トランプは「民主的ナショナリスト」であり、国家・国民を守っていこうとする立場に立つ。それに対し、ジョージ・ソロスなどが典型のように、「マーケット（市場）さえあれば国家などなくていい」という立場をとるのが「無国籍企業的グローバリスト」だ。国家の壁をなくし、ボーダーレス化するのが正しいという考え方だ。

しかし、ボーダーレスになったら、実はとてつもない階級社会が生じる。富裕層と貧困層の差がますます広がってしまう。しかし、「だからいいのだ」というのが富裕層の考えだ。超富裕層からすれば、ボーダーレスであれば安い賃金の労働者をいくらでも雇える。だから不法難民だろうが、経済難民だろうが、どんどん国に入れたほうがいいと考える。でも、それでは社会の治安秩序そのものが失われ、安定した経済活動が無理になってしまうのである。

タックスヘイブンはなぜ力を持っているのか？

「グローバリズム」勢力は、なぜ力を持っているのだろうか。

ロンドンのシティを中心に、英国のもとの海外領土、あるいは現在も英国領である場所に「タックスヘイブン」（租税回避地）が集中的に存在している。イメージとしてはシティが円の中心で、円周上に各地のタックスヘイブンが点在しているのである。

かつてはスイスもタックスヘイブンだった。だがスイスは、この地位を大きく失った。米国が2014年7月1日、「外国口座税務コンプライアンス法（FATCA）」を施行し、スイスの秘密口座をすべてオープンにしてしまったからだ。

スイスはこれまで「国内にある銀行の口座の秘密を守る」「誰の所有でいくら保持しているかなどの情報は決して漏らさない」という国内法を規定していたが、米政府は米企業や富裕層がスイス口座を脱税に利用していると、取り締まる方向に舵を切った。

米国はスイスに、米企業ないし米国人の口座については、すべて米国内国歳入庁（米国税庁）に知らせるように要請した。代わりにスイス人が米国に所有する口座については、米国も同様に情報を提供することになった。

スイスも、米国が伝家の宝刀を抜いた以上、言うことを聞かないわけにはいかない。従わないとスイスの金融機関ではドルの取引ができなくなってしまう。さすがにスイスの銀行もギブアップし、スイスの秘密口座はプライベートバンクですら、実際上消えてしまったわけである。

それでも事実上、誰がオーナーかが不明な口座は残っている。たとえば、米国デラウェア州がそうだ。前述したがバイデン大統領の地元であり、長年、上院議員として選出されていた州である。企業側に有利な法律があることで有名で、デラウェア州に本社登記をしている企業はとても多い。これ自体が州の一つの収入源になっているのだが、それだけではなく、デラウェア州では受益者が、つまり真のオーナーが誰かわからない法人でも登記できる。

たとえば、会社を起業してデラウェア州で登記すると、そこに記載されるのは代理人の弁護士事務所の連絡先だけでよい。当然、こういった法人は脱税の温床になる。真のオーナーは誰だか、わからないようになっている。

つまり、タックスヘイブンとは必ずしも税率が低いことだけではなく、口座の秘密が守られ、誰が真の所有者であるか、わからないよう法人登録ができるのが特徴である。これは英語で「プライバシー・ジュアリスディクション」といい、「守秘法域」と訳されている。

デラウェア州だけではなく、ディック・チェイニー元副大統領の出身地、ワイオミング州も同様だ。山間の田舎の州であり、少しでも税収を上げようと、タックスヘイブンになった。チェイニーはネオコンの急先鋒だったが、チェイニーがそうなったのもワイオミング州のこの特徴に大きな理由があるのではないか。

スイスに口座をつくり、脱税しようとしても不可能になったわけだが、英国守旧派のネットワークを使えば、まだ正体不明の法人を設立することもできるし、それを使って、脱税することもできるのだ。

「シティ・オブ・ロンドン」という迷宮

なぜシティ・オブ・ロンドンだけがタックスヘイブンの中心として守られたのか？

それはもともと自治権がある都市だったからだ。自治権だけでなく、法的には英国から独立し、正確には「シティ・オブ・ロンドン」という英国の法が通じない地域なのである。

もともと英国のロンドンは、ローマ時代からの城壁都市で、住民たちが自治を行なっていた。英国国王がイングランドを統一したときも最後まで抵抗し、シティ・オブ・ロンドンは国王から治外法権を勝ち取った。

したがって、今でも英国国王がロンドンのシティ中心部に入るときには、シティ・オブ・ロンドン市長の許可が必要になる。

このように、シティの自治制度は歴史的に形成されてきたものなので、とても複雑にできている。いわゆるロンドン市、つまりグレーター・ロンドンとはまったくの別物であり、ロンドン市長とシティ・オブ・ロンドン市長も、また別人である。そのロンドン内部の小さな金融街であるシティに国際金融機関が集まっている。

英国は第2次大戦後、主要な植民地を失ってしまったが、1950年代から、シティに外国から入ってきて、シティから外国に出ていくお金に関しては、英国の法律で規制しない、税金も徴収しないというルールをつくった。そのようにして貴重な産業である金融業を栄えさせようとしたのだ。その結果、世界中のお金がシティに集まるようになった。それを操っているのが英国守旧派なのだ。

何が何でもシティの権益を守る

では、なぜ「守旧派」と呼ぶのか？　タックスへイブン・ネットワークを牛耳っているのが英国の旧エスタブリッシュメントであるからだ。

かつての大英帝国はさまざまな権益を世界中に持っていた。しかし、主だった植民地、たとえばインドなどが独立したことで、多大な富を失った。しかし、旧英国コネクションは生き続けた。その中で、最大の収益の担い手が、タックスへイブンなのである。

世界の富裕層たちは、タックスヘイブンに資金を預ければ税金を免れる。タックスヘイブンにお金を預け、それを中心とするネットワークで資金を運用するようになった。実際の運用口座はスイスやケイマン諸島だとしても、ヘッドクォーター（本社・本部）はシティに置く。英国守旧派からすれば、最後に残ったビッグビジネスが金融業であり、お金を預けている人たちに脱税システムを提供することで、彼らを支配し続けているのである。

要するに、英国が管理する国際脱税システムに世界の富裕層の多くが絡《から》め取られ、支配されていると言っていい。半面、不正行為が明らかになれば、とんでもないしっぺ返しがくる。

シティは、脱税という恩恵を与えることで富裕層を味方につけ、自分たちを裏切ろうとすれば、不正行為を明るみに出すぞと、いつでも脅《おど》すことができる。アメとムチだ。この脱税システムに縛られている限り、各国の富裕層は国益第一で行動することができない。それが英国守旧派の思うツボなのだ。

現在、英国守旧派の最大の敵は米国独立派（トランプ派）であり、米国の再支配を狙っている。そして、彼らは常に戦乱を画策する。というのも、世界が正常化し、民主的な国家ばかりで戦争がなくなれば、タックスヘイブン自体もなくなってしまうからだ。各国とも脱税への取り締まりを徐々に強化しており、英国守旧派は、その動きに警戒感を強めているのである。

米国の場合、タックスヘイブンの取り締まりの動きが加速したのは、9・11事件以降だ。オサマ・ビンラディンがあれだけ大きなテロを実行するには、膨大な資金がかかっているはずだ。では、その資金はどこから入ってきたのか。実はタックスヘイブン経由で、米国に流入したのである。

サウジアラビアから来たテロリストがアメリカの航空学校に通い、ジェット旅客機の操縦を習い、飛行機をハイジャックして、ワールド・トレード・センターに突入した。生半可な資金では、複雑かつ莫大なテロ作戦を実行することはできない。資金はすべてタックスヘイブン経由で流れたのだ。

誰が資金の提供者なのか、現状では不明である。むしろ、その事実が判明するようでは、タックスヘイブンの意味はない。

本来、犯罪の背後には必ずお金がつきまとう。しかし今後、こんなアングラ・マネーを野放しにしたら、国家の安全が脅《おびや》かされかねないと、ブッシュ・ジュニア政権が、タックスヘイブン取り締まりに乗り出した。ブッシュ家自身もグローバリストには違いないが、背に腹は代えられない。父親のブッシュの時に同じような動きはあったが、ジュニアも父親を見習い、規制にのり出したのだ。

しかし、タックスヘイブンの取り締まりは、2008年のリーマンショックの引き金になってしまった。2000年代の米国の金融ブームを支えていたのは、タックスヘイブンから米国に流入する正体不明の資金だった。それが米国の株式市場を支えていたのである。しかし、取り締まりを強化してタックスヘイブンからの資金が途絶えたら、当然、不景気になる。最終的にはリーマンショックに結びついてしまったというわけである。

ブッシュ・ジュニア大統領も、その因果関係には気が付かなかった。良かれと思っていたら株式相場の資金が逼迫《ひっぱく》した。10年間で住宅価格が3倍になったと言われていた米国の住宅ブームが、たちまち雲散霧消してしまった。

サブプライムローン問題もあったが、とにかく莫大な海外資本が米国に流入し、それが米国で住宅バブルを引き起こし、株式市場を活性化させたのである。

そのように、世界の富裕層の弱点を握っているのが、国際脱税システムを管理している英国守旧派なのだ。世界の指導層の多くは富裕層だから、必ず「痛いところ」がある。こういった形で脱税システムを握られてしまっているというわけだが、それこそ問題だ。そんな状況が続けば、指導層が国益第一の政治ができなくなってしまうからだ。

特権を奪われつつある英国守旧派

しかし、英国守旧派はタックスヘイブンの特権を奪われつつある。

彼らは世界各地で戦争が起きれば起きるほどいいと考える。それに乗じてマーケットを操れば儲かるからだ。

そもそもタックスヘイブンの成立も、米ソ冷戦が大きなバックグラウンドになっている。もともとは欧州の一部の超富裕層が利用するようなものに過ぎなかったのだが、米ソ冷戦の時に、一番初めにシティに大きなドル資本を持ってきたのが実はソ連だった。

というのは、ソ連は米国の銀行にお金を置いておくと、いつ没収されたり、凍結されてしまうかわからない。米国が敵対国の財産を凍結したり、事実上の没収をするのは造作もない。そこでソ連政府は自由に出入りさせられるシティに資金を持ってきたわけだ。

当時、「ユーロダラー」という言葉があった。「欧州にあるドル」という意味で、海外に流出してしまったドル資金のことだ。米国が必ずしもコントロールできないドル資金であり、これを国家として一番持っていたのがソ連だった。

ソ連は経済的に苦しく、穀物なども輸入しなければならなかった。そのため、金《きん》やダイヤモンド、木材、原材料を輸出していた。しかし穀物を輸入したくてもルーブルでは買えず、ドルが必要になる。そこで資源を売ったドル代金をシティに預けていたのだ。

また米国も、たとえばニカラグアでの戦争を遂行するには裏金が必要だった。ニカラグアの反共ゲリラに戦費を届けようとすると、議会の目が行き届かないところで裏資金をつくらなければならなかった。そういう時にタックスヘイブンを使っていたわけだ。

そこに完全に規制が入ってしまったら、米ソともに不便きわまりない。それをうまく利用して漁夫の利を得たのが英国なのだ。

英国守旧派は英国国籍を持っていても、心は英国人ではない。彼らは無国籍的な富裕層であり、脱税システムの管理者である。一般の英国人とは異なるので、英国守旧派からすれば、一般の英国国民がどうなっても構わないのだ。

英米独仏の富裕層の多くは結局、国際脱税システムの管理下にあり、各国で富裕層に支持された政権は、国益に反するグローバリスト政策をとらざるを得ない。

与党、野党にかかわらず、政治の指導層はほぼ富裕層だから、大量の非合法移民が流入して人身売買、臓器売買、あるいは低賃金の奴隷労働をしても、内心では無視している。彼らは国を売り、国際脱税システムに奉仕するのだ。

英国守旧派は、国家を破壊することで国境をなくし、以前のように自由に金儲けできるシステム、要するに国家の規制のない金融システムをつくるしかない。

ところが、まともな民主的な国家ほどきちんと税金を取ろうとする。逆に一部の独裁国家は指導者が買収されてしまえば、税金を回避できる。なぜなら、一般国民はどうなってもいいのであり、福祉政策などを実施する必要がないからだ。貧しいままでも構わない。チャイナもそういう国だった。

ところが、民主的な国家は税金を集めて運営しなければならず、コストがかかる。国民の高い生活レベルを維持するためには、税金を徴収しなければならない。あるいは税金は安くするが、しっかり払ってもらうことが民主国家の原則である。しかし、これを徹底されたらタックスヘイブンのできる余地がなくなってしまう。したがって、民主国家を破壊するため、英国守旧派は暗躍している。

そういう意味で、タックスヘイブンの特権を奪われつつある今、英国守旧派は世界各地で戦争を仕掛け、短期的な利益をあげようとしている。そして先進国を破壊して世界の秩序を破壊する中で、タックスヘイブン・ネットワークの生き残りを図ろうとしている。

世界各地に「民主的ナショナリスト」政権が成立したら、世界のタックスヘイブン・ネットワークは完全に消滅する。そうなれば自分たちの富の源泉もなくなるし、世界の富裕層に対する支配力も失われてしまう。彼らは必死でそれに抵抗しているのだ。

彼らはもはや第３次世界大戦を起こすなどして、民主的な国家を破壊していく以外に、自分たちの特権を維持することができなくなっている。今の世界の本質は、この戦いだと言っても過言ではない。彼らが国際的に脱税管理システムをコントロールしている限り、世界の民主国家の安泰はないのだ。

ハリスの背後に英国守旧派が

トランプは大旨、次のように言っている。

「米国と西側諸国が軍事力を持って抑止力を効かせれば、チャイナやロシアの侵略は十分に抑止することができる。むしろ問題は、国内におけるグローバリストだ」

そして、その要になるのが、脱税ネットワークを仕切っている英国守旧派である。

つまり、民主国家にとって本当の脅威は、共産主義でも独裁的ナショナリスト政権であるロシアでも、チャイナでもない。彼らは脅威は脅威だが、これは軍事力で十分に抑止可能だ。しかし、より警戒を要するのは、むしろ英国守旧派というわけだ。

英国守旧派がバイデン、そしてカマラ・ハリスの背後にいる。オバマの背後にもいた。ハリスと英国守旧派がいかに結びついているかは後述するが、オバマのような共産主義者と英国守旧派は持ちつ持たれつ、お互いに利用し合ってきた。

前述したように、米国の社会秩序を破壊することで、オバマが望むような共産主義革命は達成可能になる。一方で英国も、植民地統治において、分断統治を得意としていた。たとえばインドを支配した時には、インドのさまざまな有力者を対立させる。あるいはカースト制度を巧妙に操り、お互いのカースト同士を半目させ、反英で一致団結させないように仕向ける。そのように一国を分断して、お互いがいがみ合って一つに統一できないようにするわけだ。

若くて優秀な政治家が出てきたら、いち早く目を付けて資金援助で紐を付けておく。チャイナのときも同じだ。毛沢東、蔣介石《しょうかいせき》、両方を応援する。どっちに転んでもうまくいくように画策しておくのが、英国の帝国主義者、英国守旧派のやり口なのだ。

1917年のロシアの共産主義革命も英国の面目躍如だ。この時、影でロシアの共産党を応援していたのは英国だ。

英国は世界中のライバル国の力を弱めるため、その国の左翼運動を応援する。そうすれば、その国のナショナリスト、愛国者たちの力が弱まるからだ。ロシア革命でも、英国のライバル、ロシア帝政の力を削《そ》ぐ目的で左翼ボルシェビキを応援し、革命を成就させ、ロマノフ王朝を打倒させた。

本来は、ロマノフ王朝が弱体化する程度にボルシェビキ共産主義者の運動を応援するくらいがベストだったのだろうが、彼らはロマノフ王朝を打倒してしまった。そこで今度は、新しく成立したボルシェビキ政権とは裏でつながるネットワークをつくり上げた。

つまり英国は、表向きはロマノフ王朝と友好を唱え、「共産主義革命なんてとんでもない」と言いながら、裏で共産主義革命が成功した暁《あかつき》には、紐が付いている状態にしておこうとした。英国得意の二枚舌外交である。

第2次大戦後は今度はソ連を応援して、米ソ対立の構図をつくり、米ソ冷戦の間で漁夫の利を得ることを追求し、タックスヘイブン・ビジネスに精を出していた。

ロマノフ王朝が打倒された経緯を、プーチンはよく知っているに違いない。プーチンは演説中、しばしば、「バイデンを操っている勢力」と言う。共産主義者による帝政ロシアの解体、その背後に誰がいたのか、そのカラクリをプーチンは理解しているのだろう。

そして、今の英国守旧派がもっとも分割統治をしたい相手が米国なのだ。かつて支配していた米国は独立してしまったが、なんとかもう一度コントロール下に置きたい。思うように米国のエリートを支配し、表面的には米国の独立に敬意を払いながら、自分たちの思うように動かしていきたい。これ以上、米国が強い国にならないように、分断統治する。これが英国守旧派の狙いである。だからこそオバマと英国守旧派は結びついてきたのだ。

英国守旧派によるアメリカ乗っ取り作戦

英国守旧派は、このようにオバマと結びつき、米国をコントロール下に置こうとしていた。カマラ・ハリスが大統領になったら、その結びつきはさらに強固なものとなっただろう。というのも、ハリスは英国守旧派と非常に深い関係にある。彼女と英国守旧派をつないでいるのは、夫のダグラス・エムホフだ。

ハリスと結婚したのは2014年のことだが、エムホフ自身は再婚である。前の相手と

英国守旧派の影響が色濃いダグラス・エムホフ（右）とカマラ・ハリス（写真：ロイター／アフロ）

の間に二女がいる。エムホフのファミリーは、祖先はポーランドのガリシア地方に住んでいたユダヤ人で、1899年頃、米国に移住したという。

エムホフは南カリフォルニア大学で法律学の学位を取り、弁護士になったわけだが、17年にDLAパイパーという国際法律事務所の米法人に勤務するようになった。

この法律事務所はサー・ナイジェル・グラハム・ノウルズが設立した、英国王室の代理人を務める格式の高い事務所である。

ノウルズは、チャールズ国王が皇太子時代からの側近中の側近だと言われている。チャールズ皇太子が76年に設立した「プリンス・トラスト」、つまり「皇太子信託」という慈善団体の主席理事がノウルズだった。チャールズは国王になったので、これを「ザ・キングズ・トラスト」(王の信託)と名前を変えた。

ノウルズは米首都ワシントンでは「キング・オブ・Kストリート(Kストリートの王様)」と呼ばれている。ワシントンDCは政治の街なので、各国政府の代表部や大使館など各国の公館が集まっている場所だ。それを目当てに外国のビジネスの代理人、ロビイストなどがオフィスを構えているのが「Kストリート」であり、そこで一番顔が利く大物がノウルズなのだ。チャールズ国王の代理人とは、つまり英国王室の代理人ということで、Kストリート界隈では最も有力な人物とも言われている。

2015年、当時のチャールズ皇太子が「プリンス・トラスト・インターナショナル」というプリンス・トラストの国際版を設立した。ノウルズはこの共同創設者になっている。地中海にあるマルタ共和国の宮殿で、同国の女性大統領も招き創立式典が行なわれたが、この式典に協賛して予算を拠出したのは香港上海銀行(HSBC)である。

そして、地中海に浮かぶこのマルタという島はタックスヘイブンなのだ。かつては英国の植民地だったが、1964年に英連邦の一国(マルタ共和国)として独立し、主要なビジネスはタックスヘイブン・ビジネスである。プリンス・トラスト・インターナショナルもキングズ・トラストも、これだけでタックスヘイブン・ビジネスと深い関係にあることがよくわかるはずだ。

前述したように、トラストとは、最終受益者が誰であるか不明の怪しい存在であることが多い。したがって金融犯罪の温床となる場合がある。だからＥＵも、どうしてもこのトラストだけは認めたくなかったのだ。

２０１７年、ノウルズの事務所に、エムホフが勤務するようになり、20年まで3年間在籍している。つまり、ノウルズは、ハリスの夫、エムホフを通じ、カマラ・ハリスを操っているのである。ということは、ホワイトハウスにも直通のパイプがあるわけだ。

カマラ・ハリスと不正選挙のつながり

バイデンがなぜカマラ・ハリスのような、あまり能力のない政治家を副大統領候補にしたのか。それについては、いろいろ取りざたされてきた。

一つ言えるのは、ハリスは夫のエムホフを通じ、英国守旧派と結びついていた。その点が大いに評価されたというべきだろう。

キングズ・トラスト（旧プリンス・トラスト）は教育関係の慈善団体と言われているが、

教育関係と言っても、陰で何をやっているのかわからない。

世界中の若者の教育に尽力しているという触れ込みで、のべ82万5000人がそのサービスを享受したと謳《うた》われている。これだけを聞くと、慈善団体のように思われるが、将来、英国のために役立つエリートを各国からリクルートするという役割も果たしているのだろう。

将来、英国社会に貢献しそうな財界人、経済人、政治家になる人間を育て、その中から、英国の裏のネットワークでつながって活躍するエリートを育成する。つまり、英国のエージェント・工作員として働く人物に奨学金を出し、優秀な人材を育てるのだろう。

実際、優秀だが貧しいため、世の中に出られない人たちがいて、彼らの大きな力になっているのは間違いない。

世界では4大監査法人と言われるデロイト、KPMG、プライスウォーターハウスクーパース（PwC）、アーンスト・アンド・ヤングは、すべてキングズ・トラストと深い関係があると言われている。これらの監査法人はすべて英国系で、キングズ・トラストの活動を助け、またキングズ・トラストに助けられて活動しているようだ。タックスヘイブンの脱税の手助けをするのが、この4大監査法人の大事な役割の一つなのではないか。

世界の中心である米国の株式市場、債券市場、金融市場を監査する大手法人4社が、全て英国系とは不思議だ。何らかの形でタックスヘイブンと深くかかわらなければ、巨大化するのは無理ということだろうか。

そして、実は20年に大量の不正選挙の原因になったのでは、と疑われているドミニオン投票機の製造元である英国のスマートマチック社の重役に、ノウルズが就任している。ハリスは夫エムホフを通じ、ノウルズとつながり、さらにスマートマチック社とつながり、20年の不正選挙で大きな役割を果たしたのではないか。その証拠に、2020年、ハリスを副大統領候補に指名した直後、バイデンは奇妙なことを口走った。

「我々は米国政治上、最も大規模で包括的な不正投票組織を結成した」

だから選挙は大丈夫だと、自信満々の顔でそう言ったのだ。実際に発言の記録も残っている。

しかし周囲はあわてて取り繕い、「いや、あれは不正投票を取り締まる組織をつくったことを言い間違えたのだ」と必死に弁明した。確かにバイデンは少しボケており、選挙に勝利できることがうれしくて、本音がポロッと口から出たのだろう。「間抜けな悪人」ぶりがよく出ている。

繰り返すが、グローバリスト政権・米民主党の背後には英国守旧派がいる。世界中のタックスヘイブン・ネットワークをコントロールし、世界中の富裕層を絡め取っている。

米民主党は、特にオバマ政権の頃から英国守旧派との関係が非常に色濃くなっており、その結果、今や戦争を世界中で起こす政党となってしまったのだ。英国守旧派の手先として利用されているからにほかならない。

今、世界の最強国は米国である。米国をコントロールしたいと願う英国守旧派からすれば、まずリベラル政党の民主党を応援し、米国の力を分裂させ、国家を弱体化することを狙っているのだ。

それだけではない。次に保守政党である共和党にはネオコンを送り込んでいる。ネオコンは年中、世界中で戦争ばかりを起こすので、米国はどんどん弱体化していく。この両面作戦が英国の「米国解体戦略」なのだ。要するに、英国によってアメリカ共和党の中に送り込まれた〝鬼っ子〟がネオコンなのである。

英国守旧派の思惑を、見事に体現したのがバイデン、カマラ・ハリス政権だったのだ。

労働党政権で英国はどうなる？

では、ここで欧州の国々の動向を見てみよう。

まずは英国だが、現在、米国と同様、不法移民、経済難民がどんどん流入し、社会不安が増大している。最近、ロンドンを訪れた人の話を聞く機会があったが、どこへ行っても難民たちが路上生活をしているそうだ。商店街はシャッターだらけ。イスラム教徒がたくさんいて、ロンドンなのか、中東なのか、わからない有様だという。パリも同じだ。裏通りで、イスラム教の礼拝の時間になると、絨毯を敷き、お祈りをしているという。それも日に5回もだ。

では不法難民が幸福かというと、そんなことはない。イスラム教徒であるため、キリスト教が多数のイギリスやフランスでは疎外されている。ドイツでも同じだ。

英国では長年、政権を握った保守党が下野し、十数年ぶりに労働党が天下をとったが、それで問題が解決したわけではない。

というのは、労働党新政権のキア・スターマー首相にしても典型的な「社会主義的グローバリスト」なので、グローバリズム政策を止めようとはしていない。したがって保守党と形は違うが、英国人の生活はまったく向上していない。英労働党も国際的な脱税管理システムに乗っ取られているわけだ。

ウクライナ戦争の支援のあり方も概ね変化はない。労働党も即時和平には反対しており、英国の守旧派が仕掛けた戦争を、さらに積極的に支援している。いや、もっと言えば、戦争の拡大を望んでいる。

新政権のジョン・ヒーリー国防大臣はウクライナのオデーサを訪問し、2024年4月、前内閣（リシ・スナク）が約束した兵器の供給を100日以内に必ず実現すると約束した。さらに最新兵器の精密誘導ミサイルなどを追加することも決めた。一層、戦争を推進しようというわけだ。

次にCO_2排出規制に関してはどうか。スターマー政権は2035年と決めていたガソリン車、ディーゼル車の販売禁止を2030年に前倒しする方針を打ち出した。現実的には不可能だが、それだけ排出規制に積極的なのだ。

北海油田やガス田での新規開発も禁止の方向である。保守党政権が進めてきた大型原発新設や洋上風力発電の推進については、現状では明確な方針を打ち出していないが、CO_2排出規制は強化の方針だから、原発推進政策も視野に入れているのだろう。

移民政策はどうか。基本的には積極的に受け入れていく方針だ。しかし前述したように、積極的受け入れとなったら、予算がいくらあっても足りない。

労働党が勝利した要因は、賃金を大幅にアップすると約束したからであり、確かに公約通り賃金は大幅に上昇した。だが、それでも英国人の生活は一向に楽になっていない。

その理由は今までの政権が経済難民の積極的受け入れという、英国を根本から破壊するグローバリスト政策を実施してきたためだ。保守党政権は、経済難民をアフリカ・ルワンダに移送するという解決策を考えた。

英国に来た難民にお金を与え、アフリカに戻ってもらうというわけだ。根本的解決にはならないが、少しでも社会の負担を軽くしようとする政策である。しかし労働党は、この政策を全面的に廃止するという。

つまり、労働党政権もグローバリズム政策を積極的に推進する方針であり、以前の保守党政権とまったく変わらない。右のグローバリズムから左のグローバリズムに代わっただけの話に過ぎない。

今まで英国政府は移民を優遇し、自国民を冷遇する政策をとってきた。サッチャー主義で社会インフラの根本が破壊され、国民生活は貧しくなっていく一方となった。英国国民は怒り心頭になり、各地でストライキが頻発している。労働党のキア・スターマー政権成立までは看護師、長距離トラック運転手、鉄道労働者がストライキに入り、社会機能が麻《ま》痺《ひ》していた。これでは英国は救われない。

日本も同じ状況にある。安倍晋三元総理が暗殺され、自民党が保守政権の看板を掲げながらも、「無国籍企業的グローバリスト」を中心に政策を推進する政党になってしまった。岸田政権の本質はまさにそれであり、さらに岸田政権の本質を継続・推進するのが石破政権というわけだ。

石破政権によって、さらに日本は破壊されるだろう。しかも立憲民主党をはじめとする野党も、外国人移民を積極的に受け入れて、日本を移民国家にしろと主張している。つまり、右も左もグローバリズムで出口がない。イギリスと同じだ。

日本人は政界で、安倍元総理の路線を継承する「民主的ナショナリスト」の勢力を復活させるしかないのだ。

フランスは混迷の泥沼から抜け出せない

では、フランスはどうか。

2024年7月2日、フランスの国会選挙（第2回投票）が行なわれ、結果として複雑な連立政権が形成された。1位が左派連合で182議席、2位がエマニュエル・マクロン与党（再生）160議席。3位が国民連合。国民連合は非常にナショナリスト的な政策を掲げている。6月の第1回投票では国民連合が第1党になったが、第2回投票で第2位、第3位が共闘し、国民連合は排除された。

ともあれ、9月21日には、新首相にミシェル・バルニエが就任した。

新内閣は、どのような政策を打ち出しているのか。法人税増税、所得税増税という大増税政策であり、エネルギー面では原発依存拡大だ。フランスはもともと原発社会だが、一層推進するという。しかし、新原発建設となると莫大な費用が必要で、予算的にも大問題だ。

不法移民に関しては、国民連合だけは厳しい政策を打ち出した。左派連合はバルニエ内閣には参加せず、反バルニエである。しかし国会で第1党なので、バルニエ首相もマクロン大統領も、左派連合を無視するわけにはいかない。

左派連合の政策は、ひと言で言えば「社会主義的グローバリスト」政策である。マクロン与党は「無国籍企業的グローバリスト」的政策を実行していたので、グローバリスト連携ということでは変わらない。

では、実際にフランスの左派連合が打ち出した政策とはどんなものか？

第一はCO_2規制の厳格化。カーボンニュートラル政策をとる以上、原発推進は避けられない。

次に、左派連合は、第三世界からの経済難民の受け入れを積極的に行ない、非合法移民のため「非合法移民救済庁」という新部門創設を提案している。実現するかどうかは不明だが、入ってきた移民にはすべて国家の医療制度の恩恵を授けるというのだから、どれだけ費用がかかるかわからない。

ほかに、ウクライナへの積極武器支援と最低賃金の大幅引き上げを訴えている。国家財政が赤字に転落することは目に見えているので、バルニエ首相は、EUルールを無視し「赤字を出す」とも言っている。EUのルールではGDPの3%以内に、毎年の国家予算の赤字を抑えなければならないが、これを公然と無視するというわけだ。

また、左派連合は相続税の大増税だけでなく、相続できる資産の上限まで設けるという。私有財産の大幅制限であり、まさに社会主義的政策以外の何ものでもない。

フランスも出口なしの袋小路に追い込まれている。右に行っても左に行ってもグローバリズム政策をとるしかないのだ。バルニエ首相は移民に対しては、左派連合ほど甘い政策をとらないと言っていた。しかし、左右両派は一致して不信任案を可決し、バルニエ内閣は12月5日、崩壊した。

ルペンは期待できるのか

マリーヌ・ルペンの国民連合は極右と言われ、前身の国民戦線時代から何度も大統領選にチャレンジし敗北を喫している。今回も第一党になるかと思われたが、左派連合に阻《はば》まれた。フランスは2回投票制で、マクロン与党は「とにかく国民連合だけには政権をわたさない」と、決選投票で意見が異なる左派と組んだからだ。

ルペンは父親の代から、移民増大に反対の姿勢を貫いてきた。不法移民を追い出すという方針は正しい。しかし実はルペンは、マクロン以上の原発推進派なのである。

しかもルペンはCO_2悪玉論を信じており、CO_2規制推進派である。CO_2規制は社会主義者や英国守旧派が仕掛けた罠である。ルペンは、経済は全体的に統制することで発展するという考え方を受け入れている。そして太陽光や風力発電も大嫌いなので、すべて原発にしろという主張だ。

しかし、原発のコストは驚くほど高くなっており、すべてのエネルギーを原発で賄《まかな》うには無理がある。ルペンは「原発のエネルギーで水素をつくれ」とまで主張するのだ。確かに、ガソリンやディーゼルを全部廃止し、水素を燃やせば、排出されるのは水だけだから、CO_2規制は可能だ。しかしコストが問題なのである。

フランス・フラマンビル原子力発電所で国営電力企業が新しい原発3号機と4号機を稼働し始めたが、新型原発で発電すればするほど赤字が嵩《かさ》むという状況に陥っている。しかも、それで水素をつくるのも無理がある。まず水素の値段が高くなる。

さらに、水素は非常に軽い気体なので、液体にするには零下250度まで冷やさなければならない。普通の天然ガスなら零下150度で液体化する。そのため、液化天然ガスとして、パイプラインでなくても運べるのだが、それでも膨大な電力を必要とする。

極端な話、天然ガスを使って発電しても、かなりの部分を液化天然ガスを冷やすために使わなければいけない。とても非効率的なのだ。だから液化せずにパイプライン輸送が効率的なのだ。それに対して、水素は零下250度である。絶対零度が273度なので、それに近いところまで冷やさないと液化しない。とても難しく、コストもかかる。

だから水素社会は、完全な幻想なのだ。そもそも、その論理を前面に押し出せば、経済発展にはつながらない。つまりエネルギーコストが高くなりすぎて、自分で自分の首を絞めるような状況になってしまう。

ルペンの国家を守ろうとする気概は評価するが、経済に関しては、大きく方向性を間違っている。

連立が崩壊したドイツの今後

ドイツはどうか。

現在は連立政権であり、中心は社会民主党だ。必ずしも典型的な左派政党ではないが、今までの保守連立政権とは異なり、リベラル色が強い。グローバリズムの受け入れ、CO_2規制という政策では、保守連立と変わらない。

社会民主党はドイツの南部地方が地盤だが、必ずしも革新左派ではなく、保守派も多い。したがって政権としては煮え切らない姿勢でもある。それだけが理由ではないが、自由民主党の離脱で連立が崩壊し、2025年2月、総選挙の予定が組まれている。

つまり、ドイツも保守らしい保守政党が存在していないのだ。キリスト教民主・社会同盟の保守連立政権時（アンゲラ・メルケル首相）には、すでにグローバリスト政策をとっていた。中東からイスラム系の移民・難民を積極的に受け入れてきた。ところが、今の左派主導の連立政権であっても、グローバリズム志向は変わらない。

一方、一番右寄りの民主的ナショナリズムをはっきりと訴えているのが、「ドイツのための選択肢（ＡｆＤ）」という政党である。正当な保守主義を謳《うた》い、姿勢はトランプに近い。しかし極右扱いされ、連立を組ませてもらえない。フランスの国民連合より力が弱いが、２０２４年９月に実施された旧東ドイツ３州（チューリンゲン州、ザクセン州、ブランデンブルク州）の州議会選挙で第１党に躍進するような力を見せた。

ただし、ＡｆＤの共同党首、ティノ・クルパラ、アリス・ワイデルはネオコン的傾向が強く、そこが心配だ。ドイツの保守系政党だけでなく、革新系政党、緑の党など、ほかの党はＡｆＤを絶対に政権与党には加入させないと包囲網を敷いている。そういう意味でも、フランスの国民連合と同様、ＡｆＤが政権に参画する可能性は低い。

メローニとオルバンが希望の星

評価に値するのがイタリアだ。

女性首相、ジョルジャ・メローニは、若い頃から大変なナショナリストであり、中学生時代から政治好きの右翼少女で、右寄りの政治運動を続けてきた。メローニの所属政党は「イタリアの同胞」であり、「北部同盟」よりもさらに右寄りと言われている。その中でメローニは頭角を現したが、行政能力に長けており、バランスの取れた政策を実行している。メローニは、イタリアの複雑な政党の構図の中で政党間の競争や権力闘争を勝ち抜いてきた人だから、日本の政治家にないたくましさがある。

メローニは欧州内において立場的にもっともトランプに近い。移民・難民対策も、アフリカに戻す政策を実行している。

ほかにトランプに近い「民主的ナショナリスト」として、ハンガリーのビクトル・オルバン首相があげられる。オルバンは2024年7月に訪米した際、バイデンとは会わず、トランプに挨拶して帰国した。「トランプが大統領だったら、ウクライナ戦争は起きなかっただろう」と断言しているほどだ。

ただし、オルバンの外交政策の難点は、中国共産党と親密な関係を築いていることだ。中国共産党にいまだに幻想を持っており、チャイナの援助で、ハンガリーの産業が栄え、多数の雇用も創出されると期待している。しかしチャイニーズがたくさんハンガリーに流入し、幾多のトラブルが発生している。やがて方向転換せざるを得なくなるだろう。

オランダやそのほかの国でも、「AfD」や「国民連合」のような動きはある。オーストリアではナショナリストの政党「自由党」が第一党になった。第一党が政権を担当すべきところを、2位・3位連合に阻《はば》まれてしまった。「極右」とレッテルを貼られ、包囲網を敷かれてしまったのだ。フランスと似ている。

フランスの場合も、伝統的な右派が3分の1、伝統的な左派が3分の1、そしてルペンの国民連合が3分の1くらいの比率で、大統領選の決選投票で負けてしまう。

そこの壁が破れない。3分の1まで取ることはできても、過半数まで取れない。ほかの国も同じような図式になっている。その点、世界の「民主的ナショナリスト」でもっとも力を持っているのが、やはりトランプだ。欧州でもトランプのような存在感、力量を持った政治家が登場してほしいが、現状は日本同様、寂しいと言わざるを得ない。

欧州各国はEUグローバリズムに辟易している

最後にEU全体の動向はどうか。

やはりグローバリズムである。EUは地域共同体だが、それぞれの国家ナショナリズムを否定し、ＥＵ官僚が仕切っている。「グローバル・ルール」とまでは言わないまでも「リージョナル・ルール」（地域ごとに定めるルール）によって、主権国家それぞれの主権を潰していく。そしてＥＵエリートがコントロールしている。

もちろんＥＵには議会もある。しかしどんな国でも、議会、首相がいても、間接デモクラシー下では、国民の意見がそのまま反映されるわけではない。有権者と為政者との距離が開けば開くほど、中間の官僚制度が強くなる。

そもそもＥＵは、欧州の大衆が望んだ結果、誕生したわけではない。その前のＥＣの時代からエリート主導だった。そして、米ソ対立の時代、弱い立場にあった欧州が一つになり、もう一つの世界のパワー拠点になろうとした。そして冷戦後、東欧の国々も加盟し、ＥＵが結成された。

しかし、実際にＥＵを運営するのは各国のエリートであり、彼らの最大の敵は各国の主権である。そこでナショナリズムを否定し、グローバリズムの地域版をつくるのがＥＵの基本構想だ。ＥＵ官僚は国民の言うことに耳を傾けず、自分たちが理想とする規制や難民受け入れなどを決めてしまう。

それによって、各国との間で乖離《かいり》を生む。各国家、各国民が決めたことをＥＵにひっくり返されてしまう。それも、自分たちと直接関係ないところで国家主権を否定される。各国の国民からすると、「ベルギーにいるEU本部の官僚が勝手に決めている」だけだ。

やがては軍隊や警察もすべて統合し、EU連邦にしようとするのが、EU側の最終目標だ。ナショナリズムの完全否定である。だが、EUナショナリズムならまだよい。欧州人の幸せのために、欧州が一つの砦《とりで》になるなら、そういうEUナショナリズムには筆者も賛成する。

しかし、現実は違う。基本がグローバリズムなのだ。アフリカの黒人や、イスラム教徒の難民をどんどん受け入れ、グローバリズムを実践し、ヨーロッパらしさを否定する。

欧州のディープステートこそEUの官僚なのである。そこに、リベラルな大手メディアが紐づいている。

だが、そんなEUのやり方に疑問を呈する意見も噴出している。イタリアのメローニ首相は「EUもいいが、各国の主権が第一であり、あくまでその上に立つ連合体であるべきだ」という考え方を明確に表明している。ハンガリーのオルバン首相もメローニの考え方に同調している。

英国の場合、ブレグジット（EU離脱）を進めた勢力には2つある。

一つは、英国の主権を取り戻そうとしていた真面目な人たち。もう一つは、シティの利権であるタックスヘイブン・ネットワーク、脱税ネットワークを維持したいがためにEU脱退を望んだ人たち。この2つの勢力が合体し、EU脱退となったのだ。

前述したように、英国がタックスヘイブン・ネットワークに固執するのは、彼らにとって最大の武器になっているからである。

そもそも英国は一直線にブレグジットに走ったわけではない。シティの金融産業は一番儲かるタックスヘイブン・ネットワークを持っていないと商売にならない。しかしEUはそれをやられたら困るので、当然、EUの金融規制下に入ることを求めた。

ブレグジットを決めたデーヴィッド・キャメロン首相は困難な交渉の末、大枠を受け入れたが、「トラスト（信託）」だけは譲らなかった。信託とは誰が富を持っているか明らかにせず、税金を払わない法人である。その特権を認めるならEUの金融規制は受け入れるというわけだ。

しかし、EUはその特権を拒絶した。金融規制が骨抜きになってしまうからだ。

結局、例外は認められず、キャメロンはEU脱退を決断するしかなくなった。そしてボリス・ジョンソン政権のときも、「グローバル脱税管理システム」をあきらめようとはしなかった。それで金融的にも英国はEUから完全に遮断され、シティにあった欧州の銀行はすべて外に出ていってしまったのだ。

英国は欧州の金融規制を受け入れない以上、EUを離脱するしかない。

しかし、ブレグジット自体、当初の思惑とは大きくずれてきている。タックスヘイブン・ネットワークに利用される形でEUを離脱してしまった英国は、本来の主権を取り戻すことができなかった。しかも、ブレグジットのために、EUの金融機関がシティから出ていってしまった。さらにグローバルで、ダーティーなタックスヘイブン・ネットワークにむしろ占領されてしまっている。それこそが英国が落ちぶれている本当の理由である。実はブレグジットによって英国の金融産業も大きなダメージを受けている。

EUの力が強くなるということは、欧州でグローバリズム勢力が強くなることを意味する。これを改めて理解する必要がある。EUは英国を追い出した。しかし欧州の超富裕層の多くは、タックスヘイブン・ネットワークに絡め取られ、彼らの影響下にある。

5章

鎖国化するチャイナに〝明日〟はない！

――15億人の経済難民施設と化す

チャイナは「巨大な北朝鮮」になる

2025年以降のチャイナは、どのような社会になるだろうか。

筆者は「15億人の経済難民の収容施設になる」と考えている。現在、中国の人口は15億人であり、経済は悲惨な状態に陥る。言い方を換えれば、チャイナは「巨大な北朝鮮」になるのではないか。その理由を、順次説明していこう。

習近平は3期目に入り、「終身皇帝」として独裁者のポジションを確立した。習近平の路線は、鄧小平《とうしょうへい》以来の開放改革路線とは正反対の路線をとることで共産党支配を守り、同時に自分の権力の座を揺るぎないものにしていくというものだ。

外交面では、準鎖国政策をとっている。すべての外国と付き合うのではなく、自分たちと同じ考え方の国、特に反米、反西側で結びついているロシアやイラン、北朝鮮、キューバ、あるいはアラブでいうとシリアなどと良好な関係を築いてきた。しかし、それ以外の国とは友好的ではない。

米国は2017年、第1期トランプ政権の誕生後、「チャイナが対米貿易黒字を積み重ねているのはけしからん」とクレームをつけた。トランプは「米中貿易は公正な貿易ではない」と言う。米国の特許技術に対する特許料も払わず、勝手に盗用して製品化し、外貨を獲得しているというのが米国の言い分である。

確かにその通りだ。このまま放置すれば、あらゆるアメリカ製品がチャイナ製品に置き換えられてしまい、米国産業が大打撃を受け、失業者が溢れてしまう。そうなればアメリカは世界ナンバーワンの座から滑り落ち、チャイナの後塵《こうじん》を拝しかねない。そんな状況は、トランプには我慢できない。

そこでトランプは２０１８年、習近平をフロリダ州にあるマールアラーゴの自宅に呼んで会談し、「３カ月の時間を与えるから、対米黒字を半減させる政策をとってほしい。そうであれば、それ以上のことは要求しない」というトランプ流の交渉《ディール》を持ちかけた。

習近平は表向き、「わかりました」と言って帰ったが、結局、何にもしなかった。そこでトランプは「約束を守らないウソつきだ」と激怒した。

習近平は２０１５年、「メイド・イン・チャイナ（中国製造）２０２５」を打ち出した。世界の主要な産業部門、主にハイテク産業部門で、25年にはチャイナ製品を世界一にするとの目標を掲げ、世界の産業覇権を10年で握るとした。

そのためには諸外国から技術を盗んできたり、才能ある外国の技術者などを盛んにリクルートした。これは、「1000人計画」と呼ばれ、米国の学者などもカネの誘惑に負けて、ずい分、リクルートされている。2020年、ハーバード大学の生化学のチャールズ・リーバー教授が逮捕された。チャイナの「1000人計画」に参加していたのに、当局にこれを報告していなかったためである。実際にかかわった外国の科学者、技術者は1000人以上と言われている。

トランプはその実態を知り、米中対立を外交の対立軸に据えた。それまで米国はチャイナに対して甘い対応だった。

「安価な労働力でモノをつくり輸出してくれるのだから、それでいいではないか。アメリカのビジネスもチャイナ相手に儲けている。一方、チャイナの企業がニューヨークで株式上場すると、ウォールストリートも儲かる」

そのような「ウィン・ウィン」の発想でいたが、もうそんな悠長なことは言っていられなくなったのだ。世界の経済覇権をチャイナに奪われるわけにはいかない。

習近平は、経済覇権を握った後は政治覇権を押さえ、米国を引き摺り下ろし、チャイナを世界のナンバーワン国家にしようとしている。トランプは2018年10月、副大統領のマイク・ペンスに「対中宣戦布告」とも呼ぶべき演説をやらせ、チャイナとの対決路線に踏み切った。

トランプは第1次政権で、チャイナの野心を挫《くじ》くため、厳しい高関税などの政策をとった。トランプ第2次政権でも対中政策は、さらに厳しいものになるだろう。

習近平政権は鎖国政策に転換した

一方で、習近平は徐々に鎖国的な政策をとり始めている。「外国と手を組み、金儲けを企む連中は、最終的には共産党政権を脅《おびや》かす」という理由だ。国内の民営化企業をどんどん駆逐《くちく》し、国有企業優遇を始めてもいる。時計の針を逆回転させようとしているのだ。

チャイナは改革開放以来、非効率的な国営企業を減らし、民営化の方針を進めてきた。ところが、現在は「国進民退」といって、民間企業が後退し、国営企業がまた経済の中心になりつつある。

国営企業は中国共産党が直接指令をしている企業であり、従業員は中国共産党に生活のすべてを握られている。そうなれば、中国共産党に逆らうことはできない。

そういう意味でも習近平は、鄧小平による経済成長を支えた改革開放路線を逆転させたのだ。

「鎖国政策と再社会主義化」、これが習近平チャイナの2本柱である。この2本柱で共産党独裁を強める。開かれた社会になれば海外の情報も入り、往来も増える。そんな状況を必要以上に拡大させたくない。

とにかく中国共産党は、あの悪夢のような、1989年6月4日に発生した天安門事件の再来を恐れている。それを防ぐためには、もう一度、鎖国化する。そして古い共産主義、つまり毛沢東の時代に戻る。これでしか共産党と習近平の独裁的権力を守ることはできない。習近平はそう判断したのだ。

チャイナの経済成長のエンジンになってきたのが不動産開発と建設業だった。政府が膨大な資金を投じ、住宅やショッピングモールをどんどん建設した。

ただしチャイナは共産主義社会なので、土地は国有である。売ることはできないが、貸すことはできる。その土地のリース代が地方政府の財政を支える仕組みになっていた。

たとえば50年の契約で企業に土地を貸し、マンションを建てるとなれば、地方政府も豊かになる。土地のリース代を釣り上げ、外国企業からも多額の資金を流入させることに成功してきた。

そのような錬金術を維持するため、建設、土木、ディベロッパーたちが次々と土地を開発していった。その一方で、公共交通網整備のために日本の新幹線の技術を盗むなどし、高速鉄道網もつくり上げた。

このようにして高速道路や港湾施設、住宅、ショッピングモールなどをどんどんつくれば雇用も生まれる。金回りも良くなる。そんなやり方をチャイナは20年以上続けてきたのだが、それが過熱して、ついにバブル崩壊となった。

深刻さは日本のバブル崩壊の比ではない。チャイナの人口は15億人と言われているが、現在はすでに30億人以上が住める住宅が完成済みであり、供給過多となっている。当然、価格は大幅に下落する。住宅産業はどんどん潰れ、チャイナ経済は惨状を呈するようになった。

日本のバブルのときは、土地・家屋などの不動産の値段が上がれば担保価値が増えるので、簡単にお金を借りることができた。それらを担保にして資金が循環し、金回りが良くなり、どんどん経済成長したのが80年代後半の日本だった。ところが、過熱しすぎたため、バブル崩壊に至った。借金してでも不動産を買い、儲かったとしても限界がある。しかも、お金を借りたら、返さなければいけない。一旦、歯車が逆転し始めたら、今度は誰もが巨額の債務を抱え、借金取りに追われることになる。

日本のバブル崩壊を倍加するような事態がチャイナで発生したのだ。だが、習近平は何ら積極的な対策をとっていない。2024年8月〜10月の3カ月間、習近平は不動産市場や住宅市場を少しだけテコ入れする政策変更を行なった。しかし、焼け石に水だ。しかも、根本的なメスは入れていない。

それはなぜか。経済を民営化させたくないからである。私企業が栄えて民営化が進めば、中国共産党の力は弱体化する。だから抜本的な対策を講じない、というのが習近平の基本路線なのだ。

毛沢東と習近平は似ている。毛沢東は国民が飢えて餓死しても、死ぬまで権力を手放さなかった。毛沢東にとって代わるような権力者も生まれなかった。毛沢東にとって経済よりも自らの権威のほうが重要だった。

本来、民主国家では、経済的繁栄をさせなければ、指導者は権力を維持できない。景気があまりに悪くて大量の失業者が生まれたら、政権の座を失ってしまう。

しかし、チャイナの国民には選挙権はない。不景気で習近平政権が権力の座から引きずり下ろされる可能性はない。むしろ、自分の権力保持のために鎖国政策をとろうとしている。そして再社会主義化の推進である。国民生活は相対的に貧しくなっているが、それでも構わないというわけだ。

大失敗が明らかになった「一帯一路」構想

また、チャイナが推進している「一帯一路」は大失敗で終わりそうだ。

チャイナは途上国の経済発展を助けるという名目で、世界に影響力を及ぼそうと、この構想を推進してきた。2024年9月には、53カ国のアフリカの元首や首脳を北京の人民大会堂に招き「チャイナ・アフリカ協力フォーラム」を開催した。

しかし、膨大な援助を受けた国には、返済が滞り、利権を譲り渡さざるを得なくなった国も続出している。チャイナ国内でも「資金の無駄遣い」という声が上がっている。

チャイナはグローバルサウス、つまり第三世界のリーダーになりたいし、できればBRICSのリーダーになりたいと思っている。あるいは、貧しいアフリカ諸国を糾合し、反欧米勢力を形成し、リーダーとして君臨したいという野望を抱いている。要するに、中国共産党型の新発展モデルをアフリカに輸出しようというわけだ。

中国共産党型発展モデルとは、鄧小平が提唱した理念で、政治における共産党独裁は絶対に緩めない、自由化や民主化、基本的人権などは一切認めないが、しかし経済的には、ある程度、自由化し、国民を発展させるというモデルである。

それは欧米型の発展モデルとは、まったく異なる。欧米型の近代化発展モデルは、経済的な発展と同時に個人の基本的自由を重視し、言論の自由が保証された社会を築こうというものだ。政治的には民主政治、経済的には自由市場経済による経済発展を求めていくというものである。

しかし、発展途上国には欧米型モデルを実現できる土壌がない。しかも政治的には独裁体制が大多数である。そこで、アフリカの指導者たちにとってチャイナの姿勢は大歓迎である。

「欧州、アメリカと付き合うと、国内の人権問題を指摘され、自由が弾圧されていると非難される。わがチャイナはそんなことは言わない。共産党独裁体制で世界第2位の経済大国になったのだから、みなさんもその道を歩めばいい。そのために援助する」というのがチャイナの言い分である。これら諸国をまとめて親中化しようというわけだ。

しかし、そんな簡単にうまくいくはずがない。アフリカの独裁国家は汚職体質がひどく、チャイナが経済援助をしても、そのほとんどが独裁者個人の懐《ふところ》に入ってしまうのだ。

その結果、援助をすればするほど、アフリカ現地の大衆は反中になっていく。またチャイニーズは、アフリカの黒人に対する人種差別意識が強いと言われており、それが反中感情を増幅させる。しかも、日本人と違い、現地にお金を落とすこともない。

たとえば道路をつくるための援助を受けても、チャイナから派遣された人間が工事に当たるため、現地にお金が投下されることはない。道路や鉄道が完成したら、チャイニーズは現地にチャイナタウンをつくり、新華僑として現地に居座り、現地の人々を支配しようとする。これでは反発が強まるのは当然だ。

つまり、チャイナがアフリカのリーダーになる可能性は低く、すでに、この目論見に破綻が見えているのだ。

「改革」という言葉を嫌った習近平の真意

2024年7月15日から4日間、北京で中国共産党第3回中央委員会全体会議、通称、三中全会が開かれた。ここでも新しい経済政策はまったく打ち出されなかった。主要な議題はアフリカ諸国の抱き込みという国際的な戦略論だけであり、それ以外の議題はほとんど出なかった。

そして15日に三中全会の内容を新華社通信が配信したが、その経緯を見ると、トップレベルで混乱があったことがわかる。この中に「改革」という表現が出ており、その文言を「習近平がどうも気に食わなかったのではないか」という説が出ている。この論文では、習近平を鄧小平に並ぶ改革家と褒めていた。

ところが、翌日に新華社の配信からこの論文が消えてしまったのだ。そして16日、中国共産党の最も重要な雑誌である『救是』に習近平自ら執筆した「自立を堅持しなければならない」という論文が掲載された。「改革」とは鄧小平のスローガンで、習近平はこれを否定したというのがもっぱらの観測だ。

またそれ以上に、習近平には鄧小平を凌駕《りょうが》する人物が現在の中国共産党トップであると誇示したいというプライドもあるのだろう。習近平は鄧小平どころではなく、第二の毛沢東になりたいというのが本音なのである。だから、「鄧小平に並ぶ改革家」などという言葉は気に食わないのだ。

もう一つ、「改革」の文言を嫌ったのは、西側流の繁栄をチャイナで求めるのは間違っている、というメッセージが込められているのだろう。

要するに、習近平の経済政策は外国を相手にするよりも、内向きの方向にある。大衆の生活を改善し、それを基礎に経済を発展させていくというのが、習近平の考え方のようだ。チャイナには15億人もの人口があるから、そこに需要がある。はっきり言えば、お金を配って経済を活性化させ、そこに需要が生まれれば国内で資金の循環ができる。大衆がより多くのものを消費したいと望んでお金を使えば、輸出しなくても国内で工場が稼働し、そして、ストップしていた不動産や建設業界もまた動き始める。

しかし、前述したように習近平の経済政策の両輪は「鎖国政策」と「社会主義化政策」である。鄧小平のやり方に従い、市場経済で自然に経済が発展していけば、中国共産党が果たす役割はどんどん縮小する。すると言論の自由を求めたり、民主化を要求する運動がまた盛んになる。

だから内需中心とはいっても、華美な西側の繁栄を真似するような経済政策はとらない。

習近平は、毛沢東の「長征」に当たるような大事業を成したいと願っている。国民党との戦いに敗れて逃れ、延安にようやくたどり着いたとき、共産党軍の兵力は10分の1に減少したと言われる。この時は負け戦で敗残兵の群れだったが、延安に落ち着いてから十数年で、毛沢東は天下を取った。

習近平はそれに倣い、「今、我々は経済的な長征の過程にある。国民がこの程度の苦しみで意気阻喪《そそう》したら社会主義建設など到底できない。この程度の経済的困難は乗り切らなければならない」と鼓舞《こぶ》したいのだ。「自立を堅持しなければならない」と言っているが、要は貧困に耐えて、外国に憧れるな、という意味だ。

どの国でも、GDPに占める比率で最大のものは個人消費、家計である。たとえば、GDPの日本では6割、米国では7割が、一般国民の消費生活によって生まれる。

ところがチャイナでは、正確な経済統計がないので判然としないが、これが約4割に過ぎない。輸出主導型兼公共事業主導型で経済規模は大きくなったが、国民にお金が行き渡っていない。

その理由は中国共産党が4割に抑えているからである。日本やアメリカのように6割、7割になり、民が豊かになったら、中国共産党は困る。だから「西側流の華美な消費生活は無駄が多く、そんなことのためにに経済対策をやらない」という建前を通しているのだ。ただ、あまり手を打たずに政権が崩壊しても困るので、緩急をつけてはいる。しかし、当面、基本的な経済政策に大きな変更はないだろう。

「反スパイ法」の恐怖

一方で、外国に対する警戒感も根強く、スパイ摘発活動も盛んだ。外国人とチャイナ国内の人が付き合うと、外国のさまざまな謀略に巻き込まれたり、情報を盗まれることを警戒し、外国との接触を厳しく制限している。

2023年7月1日には改正反スパイ法が施行された。これによってスパイ摘発機関が外国人の携帯電話やパソコンなどを自由に検査し、押収することもできるようになった。

チャイナは共産党独裁国家であり、今までも厳しかったが、より厳格になった。日本人では十数人が今も身柄を拘束されている。

ひどい場合は、日中友好派の人々も逮捕されている。特にひどいと思ったのが、チャイナで温泉を掘削《くっさく》に行った技術者が国家機密を盗もうとした疑いで拘束されているケースだ。温泉の掘削のために地質ボーリング調査を行なったことで、疑いをかけられたのだ。中国共産党による拉致問題だ。アステラス製薬社員も身柄を拘束されている。

このように外国人に対する警戒感を高めており、その一方で、スパイ摘発に協力した人に対しては多額の報奨金を出している。まさしく「密告社会」なのだ。

２０２４年6月17日から19日の3日間、延安で共産党中央軍事委員会の全軍政治工作会議が開催され、習近平は第２次人民解放軍大粛清を始めた。第1次粛清は２０１４年から15年に行なわれ、軍制改革が目的だった。結局、大失敗し、もう一度やり直そうとしたのだ。その一つは中国共産党の問題と同じで、政治腐敗の問題、賄賂《わいろ》。これが人民解放軍にも蔓延《まんえん》している。

チャイナの軍隊は人民解放軍と呼ばれるが、国家の軍隊ではなく中国共産党の軍隊なのだ。出世しようと思ったら、とにかく上官に賄賂を贈るしかない。その原資はどうやって集めるか、というと、もっと下の部下や出入りの業者に賄賂を要求し、それを上官に貢《みつ》ぐことで階級を登り詰める。

何のために出世するのかといえば、金儲けのためだ。中国共産党官僚と一緒である。軍人として中華人民共和国を守るという理念とはほど遠い。そのような連中が蔓延《はびこ》っているのが、人民解放軍なのだ。

そのため、習近平は、自分が任命した国防のトップ２人を解任せざるを得なくなった。

習近平自身が創設したロケット軍は、つまり、ミサイル部隊なのだが、小型から大型の大陸間弾道ミサイルまでの全てを管轄している軍種である。昔は第二砲兵と呼ばれたが、このロケット軍のトップ3人はすべて粛清された。

というのも、ロケット、ミサイルは膨大な予算がかかり、納入業者の儲けも大きい。必然的に賄賂の額も多くなる。これが腐敗し過ぎて、まったく言うことを聞かず、軍として機能しない。それで習近平は粛清の大鉈《おおなた》を振るったのである。

現在、「台湾有事」が噂され、チャイナが台湾や日本に盛んに脅しをかけているが、人民解放軍自体は、実際に戦える軍隊ではない。

相次いで国防大臣2人の共産党籍を剝奪《はくだつ》しただけではない。2015年末、習近平は軍の第1次粛清を行ない、軍制大改革を実行した。7つある軍区を5つに再編成し、同時に戦略支援部隊を創設した。

戦略支援部隊とは、これからの戦略の中心になるハイテク戦争、情報戦争を仕切る部隊だが、これがまったく機能していなかった。そして、実はすでに解散していたことが判明した。創設以来、丸8年間続けたが、機能しなかったのだ。ここに人民解放軍の弱さがよく現れている。

反日教育も鎖国政策の一環

また、民間企業への弾圧も強化している。

たとえば、30年前に発生した脱税容疑ですら摘発を始めた。一般的な常識からすれば、30年前の事件であれば時効が成立しそうなものである。しかし、過去に遡《さかのぼ》り、巨額脱税摘発を行なうようになったとは驚きである。

かつて、外国企業がチャイナに進出したら、税の優遇措置が受けられた。そして、チャイナにどんどん投資した。そのような時代のことまで問題にし、「この時、税金を納めていなかったので、今、払ってくれ」と言う。国内企業だけならまだしも、外国企業も対象である。

外国企業からすると、地方政府と優遇措置協定を結び、税金免除の約束で進出したのである。しかし、そんな約束した当時の権力者は当然、誰もいなくなってしまった。かつては合法的節税だったはずが、今は違法の脱税だと摘発されたら、大きなトラブルに発展する可能性が高い。

ところが、習近平は気にしない。というのも、「共産党に依存しなければ企業経営はできない」ことを鮮明にしたいからである。民間企業、私企業はどんどん潰し、国営企業に依存しなければならない体制を、またつくろうとしているのだ。

鎖国的な姿勢の延長で、反日教育が盛んになっている。中国共産党は国家建設当初からずっと反日教育を行なっており、それは今に始まったものではないが、近年、その過激度が増している。

2024年9月、深圳《しんせん》の日本人学校に通っている日本人児童が襲われ、死亡する事件が発生した。その前の6月には江蘇省蘇州《そしゅう》市で、日本人学校の送迎バスが襲われ、日本人親子が負傷した。この時は命に別状はなかったものの、現地の関係者が殺され、世間を震撼《しんかん》させた。

対日本人だけではない。6月10日、吉林省吉林市を訪れていたアメリカのコーネル大学の教員4人が刃物で襲われ、死者は出なかったが、負傷するという事件も起きた。

こうした反外国人意識の蔓延の背景には、中国共産党の「外国人は敵だ、摘発しろ」というプロパガンダの影響がある。

日本企業は「チャイナに投資しても儲からないし、生命の危険もある」と冷静に見切り、さっさと撤退するのが得策だ。対チャイナ・ビジネスは儲からない上に、居住する日本人がいつ反スパイ法容疑で拘束されるかもわからない。チャイナの国内にいるのは、身柄を人質に取られているようなものなのだ。

筆者もチャイナに駐在員として働いている人に「少なくとも家族は日本に帰した方がいい」とすすめてきた。それくらいチャイナ国内で反日ムードが高まっている。尖閣諸島問題をめぐる対立が、それに拍車をかけている。

中国共産党の本音は、台湾の次に侵略したいのが日本なのだ。経済的に台湾は大きな島だが、日本はさらに大きい。多少の時間がかかっても、なんとかして日本を侵略したい。中国共産党は喉《のど》から手が出るほど、日本を手に入れたいと望んでいる。

つまり、日本と中国共産党は、もはや敵対関係なのだ。チャイナの人民は敵ではないが、中国共産党は明確な敵である。敵との友好は亡国の道である。

ウクライナ戦争はチャイナにとって〝降って湧いた朗報〟

我々は、今のチャイナがここまでのレベルに来ているということを認識しておくことが必要だ。チャイナは今後貧しくなっていくはずだが、今のトップは民衆を貧しさから救おうとは思っていない。むしろ、豊かになったら困るのだ。民衆が貧しければ、共産党が独占的な権力を振るうことができるからだ。

しかし、最低限、国民を飢えさせるわけにはいかない。そこで目をつけたのが台湾だ。台湾を併合できれば、そこにはチャイナ国民を相当養えるほどの富がある。しかし、台湾独立派の勢力が、そんなことを決して許さないだろう。

そこで降って湧いた朗報がウクライナ戦争だ。これによってロシアから安くエネルギーと食料を買い取ることができるようになった。これでチャイナの弱点だったエネルギーと食料の問題は当面、回避できる。

かつて農業大国だったチャイナは、今や食料を輸入しなければならない国になっている。農村人口が急速に減少しているからだ。

むしろ農村人口を減らして都市に集め、うまくコントロールしていこうというのが共産党の方針だが、食糧不足が深刻化しつつある。

また、生活が豊かになるに従って、穀物以外の肉や乳製品、酒類も輸入するようになる。より豊かな食生活のため、これまでは考えられなかった量の食品を輸入しなければならないのだ。

ともあれ、15億人の民が飢えることになったら暴動が起きてしまう。

そこで目をつけたのがロシアだ。ロシアは食料輸出大国である。ウクライナ戦争によって、ロシアは西側から経済制裁を受けた。そこでチャイナは、困っているロシアを〝救済〟するかのように、ロシアからの食料輸入を受け入れるようにした。これまでチャイナは輸入代金を稼ぐのに躍起《やっき》だったが、当面はその心配はない。ロシアが西側に売れなくなった食料を安価に供給してくれるからだ。ロシアへはチャイナの消費財を大量に輸出して、食料輸入代金を賄うことができる。

よりありがたいのはエネルギーである。チャイナの弱点は、エネルギーを輸入しなければならない点にある。ちなみに米国経済の強さは、ハイテク技術を持っていることもあるが、食料とエネルギーを輸出できることだ。

これほど圧倒的な強みを持っているのにもかかわらず、バイデン政権は愚かなことに、原油や天然ガスの国内生産を抑え、米国は再びエネルギーの輸入国に転じてしまったのだ。

実はトランプ第1次政権のときは、米国は50年ぶりにエネルギー輸出国になった。国内で掘削の規制を緩和し、原油、天然ガスを増産するようにしたからだ。トランプ第2次政権でも再び米国はエネルギー輸出国になるのは間違いない。

チャイナはその点で米国とは張り合えない。そこで米国をはじめとした西側から経済制裁を受けているロシアを抱き込んだ。最低限、国を動かしていくエネルギーと国民の食料はロシアから安く調達できる。

ともかく国民を食わしておけば反乱を起こすようなことはないだろうというのが、中国共産党トップの考え方である。

プーチンの本音としては「本当はもっと高く売りたい」だろうが、ほかに買ってくれるところがないので仕方がない。

エネルギーに関しては、ロシア以外にも反米国家のイランが天然ガスや石油が豊富である。実際にチャイナはイランからもエネルギーを輸入している。

そういう意味でも、チャイナはサバイバル可能だが、経済が縮小傾向に入っている。だが、習近平はそれでも構わないと思っているのだろう。貧しくても国民を中国共産党に依存させた体制さえ維持できれば、自分の独裁権力が保てるからである。

チャイナの行きつく先は「経済難民15億人の収容所」だろう。「巨大な北朝鮮」と表現してもよいだろう。

台湾人・范疇氏の中共崩壊予測

今後のチャイナはどうなるのか？

台湾人の范疇《はんちゅう》氏が大胆な予測をしている。范疇氏はチャイナで約20年、コンサルティング会社を経営した。チャイナの経済発展の波に乗り、一時は大儲けをしたこともある。ただし、范疇氏曰く「チャイナの経済発展は映画の書割りのようなものだ」という。映画スタジオなどに行くと「書き割り」があるが、要するに建物の表面は綺麗に仕上がっているが、裏側に行くと空っぽ。チャイナの経済実態を目の当たりにした范疇氏は限界を感じ、会社を整理して台湾に戻った。中国共産党の内部事情まで知り抜いていた。だが、残念なことに2023年11月、范疇氏は急逝した。

范疇氏は2022年、書籍を上梓した（未邦訳）が、そこで「今から2年後に中国共産党体制は滅びるだろう」と予言した。范疇氏に言わせれば、経済がガタガタ。不動産バブルの崩壊だけでなく、地方政府が機能しなくなり、最低限の公共サービスすら提供できなくなるだろう、と言うのだ。地方政府の機能停止で、「1年は持つかもしれないが、2年は持たないだろう」と予言している。

そうなれば、大衆レベルで反乱が起き、国民が政府の言うことを聞かない状況になるだろう。中国共産党支配体制、一党独裁支配体制の崩壊は必然であるという。

それに対して、台湾や日本はどのような対策を講じなければならないか。范疇氏は筆者と対談した際、「今やその準備を進めるべき時が来た」と語った。

中国共産党崩壊を予測した台湾人の范疇（はんちゅう）氏（写真：筆者提供）

即、中国共産党が崩壊するかどうかは断言できない。しかし、地方政府が公共サービスを提供できなくなれば、中国共産党の威信が低下することは間違いない。

信頼感が失われた権力は脆《もろ》いものである。中国共産党組織の威信が崩壊するとなれば、共産党独裁体制が滅ぶのは必然である。

チャイナではコロナ禍のとき、政

府の規制があまりに厳しく、それに対する反発が国民感情として根強く残っている。ある日突然、何の前触れもなく、マンションの住民全員に外出不許可が命令されたりした。

極端な例では、買い物に行ったまま帰れなくなったり、たまたま訪れた友人が何カ月間も外に出られなくなるといった異常事態が頻発した。

チャイナ社会の内部では中国共産党に対する怨嗟《えんさ》の声、恨み、憎悪、不信感がとてつもなく広がっている。今日より明日、明後日と生活が豊かになるなら不満はない。しかし貧しくなっているとすれば、怒りの声が湧き上がってくるのは当然だ。そうなれば、為政者への信頼は崩れ落ちる。

ましてチャイナには選挙制度がない。政権交代が可能なら国民のガス抜きもできるが、不満のはけ口がない。いずれにしろ「中国共産党に明日はない」と確信する。

チャイニーズが東京の物件を買いあさっている

一方で、世間では「チャイナが崩壊したら、大規模な難民が発生する」と心配する向きがある。だが、それは杞憂《きゆう》でしかない。

これまでにもチャイナが崩壊したことがあったが、外国への難民はそれほど発生していない。王朝の交代期もそうだし、最近の最大の政変は1949年の中華人民共和国建国だ。それまでのチャイナに君臨していた中華民国が淘汰《とうた》され、国民党は台湾に亡命した。その亡命者や経済難民はごく少数だった。

現在のチャイナを見ると、チャイナで一般人が持つ資産のほとんど（約7割）は金融資産ではなく、個人の住宅である。すると、いくら社会が崩壊しても、住宅を持ったまま逃げることはできない。

だから、一般庶民が外国へ逃亡することはないのだ。もちろん、一部の富裕層なら役人を買収し、金融資産を海外に移して逃れることはできる。

実際に筆者が聞いた話では、最近、港区、中央区、新宿区など東京都心部の土地付き一戸建て住宅をキャッシュで買うのはチャイニーズが多いそうだ。数億円の値は付くだろう。そのような物件を入手するのは、チャイナの富裕層が母国の将来を見限り、日本に逃げようと画策していることの証明である。日本は近くにあるし、漢字文化圏なので、彼らも生活しやすいのだ。

しかしチャイナでは、正式には海外に資産を持ち出すことはできない。でも蛇の道は蛇で、役人を買収すればどうとでもなる。それなりの袖の下が必要になるが、それでも構わない。

そのようにして、チャイナから資産を持ち出す人が後をたたない。チャイニーズにとって、かつて都心の億ションは投資目的物件だったが、現在は居住目的に変わっている。

彼らは富裕層なので、現状では日本側の社会保障負担も少なくてすんでいるが、大量に押し寄せたら、日本社会に大きな軋轢《あつれき》を生む可能性がある。日本側もその対策は不可欠である。日本に住む外国人には、日本のルールに従ってもらう。一部の富裕層はやってくるかもしれないが、現実には数百万人の経済難民がやってくることはないだろう。

日本にとっての安全保障上の敵である中国共産党帝国が滅んでくれれば、多少の経済難民流入よりもはるかにメリットが大きいのだ。

一方で、現状のまま共産党体制が続くというシナリオもあり得る。つまり、「巨大な北朝鮮」「15億人の経済難民収容所」が、そのまま続くことを意味する。

しかし、それにも対処法はある。台湾侵攻や日本侵略など、チャイナが対外膨張政策をとれないよう、チャイナを封じ込めておけば、それで事足りるのだ。

日本、米国、台湾、さらにはフィリピン、オーストラリア、インドも含め、軍事的包囲網を形成し、侵略行為を起こさせないこと。そのために十分な抑止力を持つことが重要だ。そうすれば、猛獣を檻の中に閉じ込めておくことができる。

要するに、このまま15億人の経済難民収容所が存続するか、それともさすがに食べていけなくなって暴動が勃発し、中国共産党独裁体制が滅びるのか。いずれにしろ、日本ができる対処法はあるし、実行できるはずである。

問題なのは日本国内の政治姿勢である。腐敗した政治家が中国共産党と妥協し、日米台の3カ国同盟によるチャイナ封じ込めができないようにすること、つまり日本の政治が中国共産党に壟断《ろうだん》・支配されるようなことになれば、これは亡国の道である。

そういう危険性が石破内閣には大いにある。与党の公明党も中国共産党と親密な関係にある。引退した二階俊博氏をはじめ、森山裕幹事長など、自民党にはチャイナのロビイストが多くいる。今、日本は石破政権の下で、亡国の道を歩んでいる。

そのような国内にいる親中議員をしっかりと抑え込み、対中包囲網を形成できれば、日本としてはチャイナの脅威は存在しなくなる。

いや、存在はするが、有効に対処することはできる。日本国内の態勢が整えば、大した問題ではないのだ。

今こそチャイナ「封じ込め」を！

日本にとってチャイナによる安全保障上の脅威は、今後、ますます増大するだろう。それだけでなく、実は今まで経済的にも脅威であり続けてきた。日本の基幹産業のノウハウを〝かすめ取り〟、日本から仕事を奪ってきたのだ。

しかし、習近平政権は、経済政策にことごとく失敗している。前述した「メイド・イン・チャイナ2025」にしても、失敗に終わった。2025年までに世界のハイテクのトップに立つことはできなかったのだ。

そのように考えると、チャイナとはもう経済的に距離を取るようにするべきだ。親しくすれば、資金や技術を奪われるだけでなく、人質を取られてしまう。かつては日本の経済援助をあてにしていたが、それによってチャイナに国力をつけさせてしまったことが最大の間違いだった。しかしこれからは、チャイナを相手にしても利益は出ない。チャイナの経済力は弱まり、明らかに経済的な絶頂期を過ぎている。

2010年以降、「人口ボーナス」も失われている。人口ボーナスとは、働く人が働かな

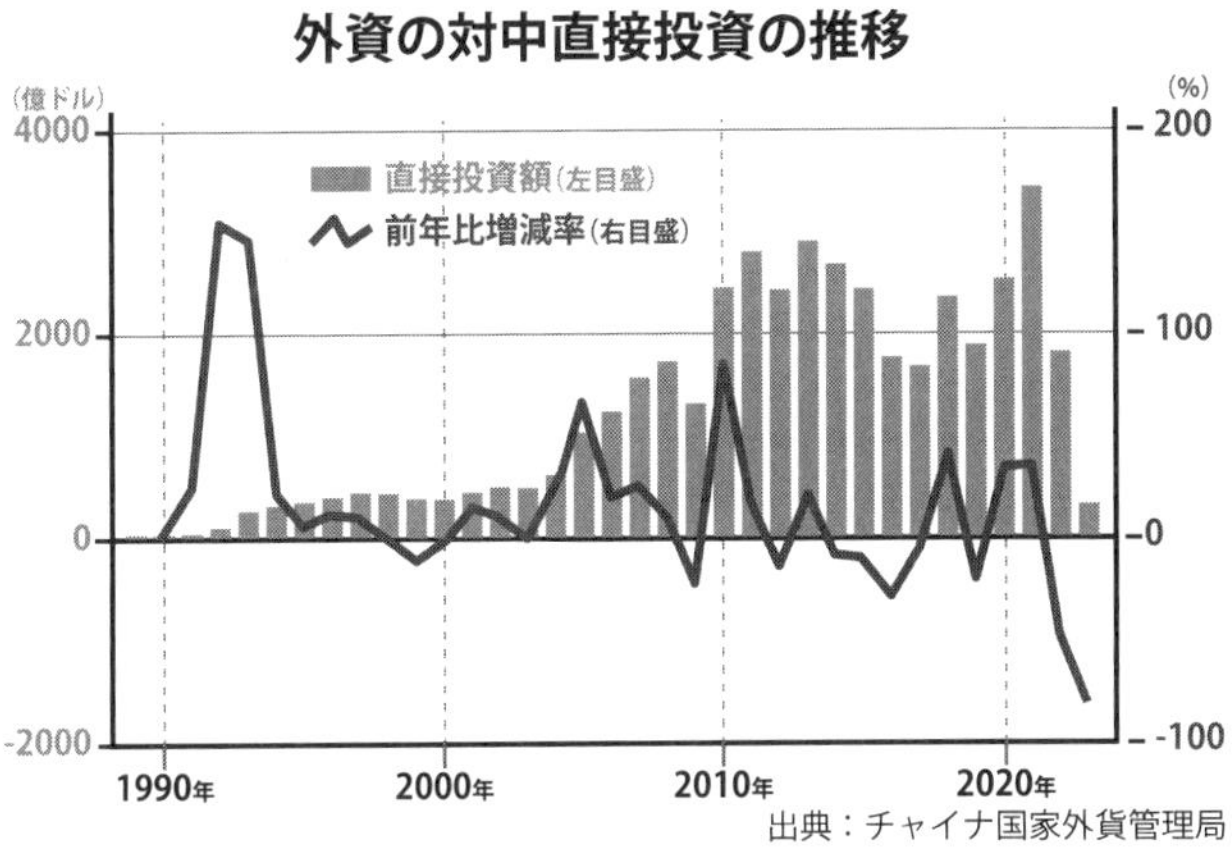

い人より多い状態のことを指す。このような状況では経済が発展しやすい。逆に人口オーナス（労働力人口が少ない状態）になれば経済は停滞する。

日本も2000年頃から、人口オーナスの時代に入っている。働く人が働かない人より少ない時代になっているのだ。

チャイナも完全にそのような人口構造になっている。経済的にはもうピークを完全に過ぎたと言える。

チャイナの脅威を過小評価するべきではないが、同時に過大評価する必要もない。チャイナは人口だけは大きいが、むしろその人口が経済負担になる時代に入っている。中国共産党はそれを正そうと、さまざまな政策をとっているが、効果的な対策は打ててはいない。日本はその間にサプライチェーンを見直し、チャイナからは完全に撤退することが望ましい。

一説には習近平政権による経済のテコ入れで、また回復するという観測もある。しかし、それは錯覚だろう。構造的に、チャイナ経済がかつてのような高度成長を享受する時代は二度と来ないと断言しておく。実際、外国企業の撤退ブームが起きている。2023年、外国資本によるチャイナへの直接投資は、22年に比べて80％も減少した（前頁図参照）。アメリカの資産運用会社バンガードは、年金資産運用面で手堅くて有名な会社だが、23年11月にチャイナから完全撤退すると発表した。

日本企業では、日本製鉄がチャイナと合弁で宝山製鉄所をつくったが、全面撤退した。モスバーガーも撤退する。ブリジストンもチャイナでのトラック・バス用タイヤの生産・販売を終了すると発表。英国では石油大手のシェルがチャイナの電力市場から撤退したと発表した。こんな動きを追えばキリはないが、これだけ撤退の動きが加速している現状を見ると、チャイナ市場に対する幻想は完全に消えたと言っていい。

繰り返すが、チャイナは「巨大な北朝鮮」になる。言い換えれば15億人を収容する巨大な経済難民の収容施設になる。その延長線上で中国共産党独裁体制が滅びる可能性も十分にあるのだ。

6章

ウクライナ戦争、中東戦争沈静化する

――第3次世界大戦を起こしたいのは誰だ?

ゼレンスキー政権最後の賭け

2024年8月上旬、ウクライナのゼレンスキー政権は最後の賭けに出た。ロシア本土に攻め入る作戦を決行したのだ。これまではロシア本土に向け、散発的にミサイルを撃ったりしていたが、本格的な地上軍の侵攻は初めてである。

侵攻地点はクルスク。ここには大きな原子力発電所がある。現在、ウクライナ国内の原子力発電所はロシア軍に占領されているところがあるが、ウクライナは逆にクルスクにある原子力発電所を占領し、それを武器に和平交渉に臨もうとしていた。

ロシアとしては当然、和平交渉が始まっても占領地域から兵力を引き揚げないだろう。このまま居座り、実質上、ウクライナの領土を分割することを考えている。ウクライナとしては、なんとか有利な交渉材料を持っておきたい。

「ロシアの原子力発電所を占領している我々も引くが、代わりにロシア軍もウクライナから引け」という交渉に持っていきたかったのだろう。それでこの作戦に最後の予備兵力のほとんどを注ぎ込んだのだ。

ところが、かなりの領地を占領はしたものの、戦略目標であるクルスクの原子力発電所を攻略することはできなかった。

逆に、侵攻していた部隊が包囲されてしまい、壊滅状態になったのではないかと憶測されている。最後の予備兵力を投入した作戦で大量の犠牲者を出し、新たに前線に戦力を投入する余力が、ウクライナ側にはもうない。

一方のロシア側は、現状程度の戦争なら、まだ継続可能である。経済制裁を受けながらも景気は順調だし、ある意味で、戦争経済下で国内は好景気が続いている。

経済制裁を受けているため、確かに外国製品は入ってこない。しかし、政府が戦争遂行のために軍需、兵器生産を中心に膨大な資金を投下し、それによって景気が良くなっているのだ。

しかも、ロシアは食料もエネルギーも輸出できるので国内は困らない。一時期は経済的苦境にあったが、今はそれも乗り越え、景気が上昇傾向にある。モスクワの高級なレストランが流行るようになっている。そういう状況にあるため、戦争はあと1年でも2年でも継続できる。

ただロシアの弱点は兵力面にある。徴兵で兵員の数を増やしたいが、死者や負傷者が増

える と、国民の不満が高まる。やむなく北朝鮮から兵員を補充したが、彼らがどの程度、有効かは現時点では不明である。

ウクライナは米国、欧州、そして日本からも膨大な軍事援助、経済援助を受けていたが、「援助疲れ」となり、これ以上、大きな西側の援助を期待できない状況にある。

ところが、バイデン政権がウクライナに、ロシア領への米国製ミサイル攻撃を容認してしまった。英国守旧派を中心とする戦争拡大派は、いまだに第3次世界大戦をあきらめてはいないのだ。

一方、トランプは「政権スタートから24時間以内に戦争を終わらせる」と公言している通り、即、停戦を唱えている。米国も国内に失業者が溢れて治安も保てない。トランプは「そんな時に外国の戦争に資金を供与する必要はない」という立場で、すぐにでも調停に入れるよう奮闘している。

ゼレンスキー大統領もトランプ政権の意図を見越したうえで有利な和平に持っていくための条件づくりとして、クルスク侵攻を決断した。しかし、それにも限界がある。

2024年10月、ゼレンスキーはウクライナ支援国会議で「自分たちの勝利の計画はある」と語ったが、苦しいところに追い込まれているのは間違いない。

トランプ仲介の停戦がウクライナのラストチャンス

はっきり言って、ウクライナ側の負け戦《いくさ》は確実だ。これ以上続ければ、ますます国土を失い、ウクライナ人の犠牲者も増える一方である。特に前線に動員されている若い男性兵士に相当死傷者が出ており、軍も社会も機能不全に陥りつつある。

前述のように一方のロシアも苦しいが、まだ余裕がある。現状程度の戦争ならまだまだ続けられる。これを考慮すると、ウクライナも和平に合意するべきだ。

ロシアに占領されている土地は現状のまま放棄せざるを得まい。筆者はウクライナ戦争が始まった時から、「和平になる時は朝鮮戦争型のとりあえず停戦」と言ってきた。朝鮮半島では今も38度線でにらみ合いを続けたまま、いまだに平和条約が結ばれていない。厳密には戦争は終わっていないのだ。直ちに最終的な和平にはならず、「とりあえず撃ち方やめ」となって対立ラインを保ったまま停戦する形である。ウクライナもそうなるだろう。

でもこれは、ウクライナにとってチャンスではないか。ロシア側が占領している土地の一部は、もともとロシア系住民が多く、ロシアからすればソ連崩壊時に本来ロシア領に編入したかった地域なのだ。しかも、そこではロシア系住民がウクライナ人、特に極右にいじめられていたという事実もある。いずれにしろウクライナにとって紛争地であったような土地なのだ。

さらに言えば、2015年のロシア、ウクライナ間の「ミンスク合意」に戻るしかないだろう。ベラルーシのミンスクで和平協定が結ばれたのだが、実はそれを守ると、東部のロシア人居住区は結局、ロシアに併合されざるを得ないと、ウクライナ側が破棄した経緯がある。

現状では、ウクライナからすれば、ロシアに隣接した東部のみならず、クリミア半島の北側、アゾフ海に沿った領土をかなり失うことになるが、しかし、ここで停戦を受け入れるべきだろう。

和平合意が実現すれば、それ以上、ロシアは侵略できない。プーチンは第2次、第3次戦争を起こしてまで、ウクライナ全土を併合したいと願っているかもしれないが、それは不可能になる。

一方、ウクライナのNATO加盟は無理になるが、EUに加盟することはできる。しかし当面はNATOに入らなくても、長期的には同じ効果を生むだろう。今回のウクライナ戦争の教訓があるので、NATOメンバー国はウクライナ防衛に協力するようになるからだ。事実上、ウクライナはNATOのメンバーになったも同然である。EUのメンバーになれば、ロシアは侵略できなくなる。

また、これだけの戦争を経験した以上、ウクライナがロシア寄りの国家になることはあり得ない。ロシアの望むウクライナ属国化の道が絶たれれば、ウクライナは今後、長期的に平和で経済も栄える国になる。

負け戦に入っているウクライナからすれば、プーチンを止められるのは今のところトランプしかいない。そのトランプが積極介入してくれるのは、むしろありがたいと、多くのウクライナ人は本音で思っているのではないか。

もちろん、トランプ政権誕生で、ロシアとウクライナの対立関係が全面的に解消されることはない。しかし、とりあえずはウクライナ戦争という第3次世界大戦の火種を消せることの意味は大きい。

ただ、4章でも語ったが、英労働党のスターマー政権は、戦争遂行という点では保守党のスナク政権よりももっと強硬であり、ウクライナへの武器供与は継続すると明言している。トランプが和平仲介した場合、スターマー政権がどう出てくるかも注目だ。

とにかく英国の手口は悪どく、その口車に乗ってはいけない。2022年2月、ウクライナ戦争が始まったが、一旦、トルコの仲介もあり、両国が和平に同意したことがあった。ところが、時のボリス・ジョンソン英首相が自らキーウに乗り込み、「もっと支援をするから戦争を続けろ」と焚きつけたのだ。この戦争に関しては、火付け役の一番は英国、次に米国だった。

なぜ、戦争の継続を主張したのかといえば、もう一度米露対決、冷戦時代をつくり出し、英国が漁夫の利を得ようとしたからだ。

ここにも英国守旧派の思惑があったのである。

英国守旧派は、その先の目的としてロシアを屈服させ、ロシアという国を解体したいという意図もある。ロシアには原油など膨大な自然資源があり、ロシアを分割することでロシアの富を奪うことができる。

そうなれば、英国は多くの資源を手に入れられるし、英米の企業がロシアの資源を強奪することで、英国を中心とするタックスヘイブン・ネットワークも栄える。そのようなシナリオを頭に描いていたのだろう。しかし、トランプ第2次政権によって対ロシア戦争を実現することは不可能になった。

有利なうちが戦争のやめ時！

イスラエル・ハマス紛争の展望はどうか。

イスラエルはハマスを壊滅させ、さらにヒズボラもほぼ壊滅させた。しかし、そのため、戦争をやめるタイミングを見失っているが、そろそろ手を引く段階にある。なぜなら、今、手を引けば、イスラエル側が有利な和平条件を勝ち取ることができるからだ。

２０２４年９月、ハマスのメンバーが使用していたポケベルが一斉に爆発し、直接的に９人が死亡、３００人近くが負傷した。翌日にはトランシーバーが爆発した。これはハマスが連絡用に使用していたもので、イスラエルはそれらを利用して、ハマスをほぼ壊滅させた。ハマスの最高指導者シンワルまでイスラエルは殺害に成功している。

イスラエルは今までも、やろうと思ったらできたのだろうが、あえて手を控え、一定のルール上で戦争をやってきた。

しかし、２０２３年10月にあれだけ大規模なテロをハマスが実行したので、「使える手段を全て使う」と、大反撃に打って出たということである。

もちろん、小さいとはいえ、イスラエルも被害をこうむっているのは事実だ。ネゲブ砂漠にある重要な空軍基地が爆撃されたり、弾薬倉庫が誘発して爆発したりした事件も起きている。

一方で、ハマスとの戦闘に関して言えば、「イスラエルはやり過ぎだ」という声を聞く。イスラエルの言うことを聞いてみると、彼らの言い分には正当性がある。イスラエルは「ハマスが人質にした250人を解放すれば戦争はすぐ止める」と明言しているのだ。だがハマス側は、どうしても人質を解放しない。自分たちと同じパレスチナ人の被害者が出ても、なお戦争をあきらめないでいる。イスラエルの主張は理にかなっている。

こうしたイスラエルの立場も理解しないと、極めて不公平だろう。

ハマス側にもパレスチナ側にも和平への圧力をかける必要がある。「早く人質を解放しろ。解放すれば、とりあえず戦争は終えることができる」と。トランプが政権に返り咲いた今、イスラエルとハマスの停戦はすぐにでも合意できるだろう。トランプはイスラエルに安心感を与えながら、徐々に和平の方向に持っていこうとするだろう。

ただ、前述したようにトランプはネタニヤフとは必ずしも関係が良好ではない。ネタニヤフは戦時宰相としては立派だが、彼は汚職事件で刑事裁判の被告人でもある。戦争が継続している限りは、彼は首相でいられるが、和平になったら首相の座を降りなければならなくなる。

トランプもイスラエルびいきだが、和平への意識は強い。しかし、これに最も強い拒否権を持っているのはイスラエル極右なのだ。ユダヤ民族にはナチスドイツによるホロコーストや、2000年にわたって弾圧されてきた歴史があり、虐殺されたことがたびたびあった。そういう民族なので、まず彼らの安心を最優先にしなければならない。彼らの信頼を得ないとパレスチナと和平合意を結ぶことはできない。

そういった意味で、トランプは「イスラエル絶対支持」を打ち出しているが、それによって第3次世界大戦の導火線を排除することができれば一番よいと考えている。ハマスとヒズボラの背後にいるのがイランだ。その背後には英国守旧派がいる。

今やイスラエルとイランが大戦争を始める危機にある。そのことはよくわかっているわけだから、トランプはパレスチナ側に「テロ活動を止めないと救いの手を差し伸べない」と、はっきり言っている。

少なくとも戦闘はとりあえず中止する。双方とも恨みの感情を癒すには相当な時間はかかる。しかし、ウクライナが先に停戦合意すれば、中東も停戦、和平に動く可能性が非常に高くなる。イランを支援しているロシアが和平に動くからだ。そして、それを実現できるのは、トランプしかいない。

イスラエルの真の独立は英国植民地主義からの独立

イスラエル・ハマス紛争が拡大する危険性もあった。

イスラエルの背後には米国、そして、イランの背後にはロシアがいる。それぞれの親分が出てくれば、中東を舞台にした戦争がエスカレートし、米露戦争、すなわち、第3次世界大戦に発展する危険性も十分にあった。

ウクライナ戦争が膠着状態《こうちゃく》になった段階で、ハマスによる同時多発テロが起きた。ハマスは、パレスチナの運動の中から誕生し、ガザ地区を主に支配している。ハマスは、ウエストバンク（ヨルダン川西岸地域）を中心とする自治政府とは全然違う組織である。イスラム国（ＩＳ）やアルカイダと同じで、英国守旧派の影響が色濃い団体なのだ。

イスラエルのネタニヤフ首相は、ハマスをうまく利用していたとも言われている。というのも、パレスチナ人が団結し、パレスチナ政府が一つにまとまれば、イスラエルは和平交渉をしなければならなくなる。国際社会も当然、要求するだろう。するとヨルダン川西岸地域のかなりの土地を割譲し、独立国としてお互いに認め合うしかない。それしか恒久和平の方向はないからだ。

しかしイスラエルの強硬派は、そんな妥協を許さない。そこでネタニヤフは、ハマスをうまく利用した。ハマスはヨルダン川西岸地域の自治政府と常に喧嘩をしており、和平交渉どころではない。

ネタニヤフはハマスにカタールなどの国から資金が流入することを黙認していたといわれる。イスラエルの国内諜報機関「シンベト」の元長官の証言だ。敵の過激派にあえて塩を送ることによって分裂させ、イスラエルの立場を強め、和平を拒否する方向に持っていこうとしたわけだ。このハマス利用戦術が裏目に出たのが、２０２３年10月７日の対イスラエル・テロだ。

さらに今回の紛争の背後には英国守旧派がいる。「イスラエルを応援する」ときれいごとを言いながら、裏で糸を引き、一方でハマスに資金や援助を与え、過激な団体として活動させる。両方を煽り、戦争を常に発生させる。「ディバイド・アンド・ルール」の手法だ。それによって相場を動かし、金を儲けていくのが英国守旧派のやり方なのだ。

そもそも、今までユダヤ人は英国守旧派にいいように使われてきた。中東その他で下請けの汚れ仕事をやらされてきたとも言えるだろう。

中東が平和にならないよう、ユダヤとアラブが喧嘩して戦争をするように仕掛けてきたのが英国守旧派だ。それに利用されてきたのがイスラエル極右である。あるいはイスラム教シーア派とスンニ派が争うようにうまくコントロールし、分断統治を行なうといった、旧植民地主義的なやり方の元凶が英国守旧派なのだ。

イスラエルとしても英国の応援がなければ、国家運営がうまくいかない。内心では英国に反発しながらも、英国の権益を認めなければいけなかった。イスラエルも辛いところだっただろう。

しかし、イスラエル人は誇り高い民族であり、英国の汚れ仕事の下請けはもう願い下げだと考えている。トランプとともに、英国の支配権と本当の独立戦争を戦っているのが、今のイスラエルの立場である。

英国には、ロスチャイルドをはじめ、古いユダヤ系財閥もある。ロスチャイルドは英国の貴族であり、現場で兵士として戦うイスラエル国民と混同するわけにはいかない。

英国守旧派というと、即、ロスチャイルドと考えるのは誤りだ。ロスチャイルドは英国エスタブリッシュメントの一部にすぎない。英国守旧派は、タックスヘイブンの脱税ネットワークを支配している連中のことである。

テロリストを陰で支援する英国守旧派

イスラエルは高度国防国家である。男性3年、女性2年の徴兵制を敷き、国民皆兵で国を守っている。自分たちが、いつイスラム・テロリストの犠牲になるかもしれないので、テロリストと妥協することはあり得ない。国交のない周辺国は、イスラエルの存在自体を認めてはいないのだ。

イスラエルの存在を認めていれば、交渉はいくらでもできるが、存在自体を認めない連中と交渉ができるわけながない。

そういった背景を利用し、英国守旧派はイスラム・テロリストを陰で応援している。ウサマ・ビンラディンのアルカイダや、IS（イスラム国）も〝メイド・イン・ロンドン〟と言われている。そういった団体に資金と情報を与え、コントロールしていく。右も左も、敵対する両者をコントロールしていこうとするのが英国守旧派のやり口である。

それに対し「もう英国にコントロールされるのは願い下げだ」と考えているのが、今のイスラエルの国民なのだ。

そういう意味でも米国内のリベラルなユダヤ系と、イスラエル国民の間には非常に大きな意識の乖離《かいり》がある。

そのように考えると、「英国守旧派＝ユダヤ系」ではないことがわかってくるだろう。もちろん、英国のエスタブリッシュメント内にも、米国のリベラルなエスタブリッシュメント「ディープステート」内にも、ユダヤ人はいる。だが、その事実をもって「ディープステート＝ユダヤ」ではないし、「英国守旧派＝ユダヤ」でもない。むしろ国家イスラエルと英国守旧派は対立している点に注目すべきなのだ。

先進国で、イスラエルは宗教的に少数派である。先進国でキリスト教をバックグラウンドにしていないのはイスラエルと日本しかない。この2カ国だけが異教徒なのだ。

第2次大戦中に日本の外交官、杉原千畝《ちうね》がユダヤ人に入国ビザを発給し、約1万人のユダヤ人の命を助けた。日本人はナチスドイツの同盟国であるときでも、ユダヤ人差別を認めず、ユダヤ人を助けてきた。そのことはユダヤ人がよく知っている。

現在の日本にとっても、反ユダヤでいいことは一つもない。常に彼らと協力し、ユダヤ人を親日にするほうが、外交的にも経済的にも、はるかに日本の国益にかなうのだ。

確かにユダヤ人にも反日的な人間がいる。そのような場合は、反日のユダヤ人には親日のユダヤ人に反論してもらうほうがいい。ユダヤ人のことはユダヤ人でないと議論ができない。だから我々は、陰謀論とユダヤ人を結びつけることは絶対にやってはならないのである。

アラブのオイルマネーがシティから逃げ出す？

ともかく、もし2カ国解決案が現実になり、イスラエルとパレスチナが恒久的な平和を構築すれば、中東は黄金時代を迎えるだろう。

というのも、イスラエルのテルアビブには証券取引所がある。また、ユダヤ人が世界中に張り巡らしている金融ネットワークもある。アラブ諸国もオイルマネーをわざわざロンドンに持っていく必要がなくなる。中東のマネーの運用先はまずはニューヨークだ。ここはドルの中心地なので外れることはないが、テルアビブに中東のマネーが集まり、それをユダヤ人の金融家が、地域の開発と世界に向かって運用する時代が到来する。

また、イスラエルは世界屈指のスタートアップ国家でもある。新興企業、新しいアイディアが次から次へと生まれ、AIやIT、農業分野でも革新的技術がどんどん生まれる国である。

それとアラブのマネーが合体したら、中東はものすごく豊かになる。するともう英国の出る幕はない。EUから見放されたうえに、オイルマネーからも見放されたシティの金融街には、一層、閑古鳥《かんこどり》が鳴く。

英国とすれば、いつも中東が混乱し、アラブとイスラエルが戦っていれば、必然的に両方とも英国に依存せざるを得なくなる。タックスヘイブン・ネットワークに、そしてシティの金融力に依存せざるを得ない。彼らはそういう仕組みを維持しておきたいのだ。

しかも、タックスヘイブン・ネットワークも没落の憂き目にあるので、最後の手段として第3次世界大戦を起こしたいというのが本音だ。世界が混乱し戦争が起きれば、タックスヘイブンが再び栄えることができる。

そういった意味で、彼らは適度な戦争が年中続いていくことを望んでいるし、両方を応援して、戦争をうまくコントロールし、マネージメントしながらお金を儲けていく。それが英国のやり方である。しかし、そのやり方にも限界がきている。

トランプは英国守旧派の考え方とは正反対だ。しかし、英国守旧派にコントロールされているハリス政権が誕生していたら、ウクライナ戦争も中東戦争も、ともに泥沼化する一方だっただろう。

米民主党政権の歴史を振り返ると、軍事的抑止力を使って戦争を防ぐ、つまり「力を通じた勢力均衡＝平和」は考えないのだ。常に英国守旧派に引っ張られ、むしろ戦争を起こす側に回ってきた。

アントニー・ブリンケン国務長官やジェイク・サリバン大統領補佐官の言動からは、戦争を起こしたくてたまらない意図が露骨に見てとれる。あまりに派手にやり過ぎて辞任したのが、ヴィクトリア・ヌーランド国務副長官代行だ。彼女はあまりにウクライナに肩入れし、反ロシア色が強すぎた。

ブリンケン、サリバン、ヌーランドは、3人ともヒラリー・クリントン国務長官の下にいた人たちで、共和党内のネオコンに匹敵する左翼の戦争屋、特に反ロシア色が強い外交エリートだ。

カマラ・ハリス政権が誕生していたら、彼らは政権の中でさらに強い立場に就き、英国守旧派と一体になって第3次世界大戦を起こす可能性が高かった。

しかし戦争を起こさせたはいいが、コントロールを上手くすることができないことを、ロシアもイランもチャイナもよく見ている。

しかも、ハリス大統領では戦略判断や和平のディールができるはずもない。ハリス弱体政権ができたのをチャンスとばかり、チャイナが台湾を侵略する、あるいは北朝鮮が南に侵攻する、またはプーチンが一度はあきらめたウクライナ全土の占領を狙うことも起こり得ただろう。

つまり、今回の米大統領選挙は、戦争を選ぶか平和を選ぶかの岐路だった。トランプを選べば平和と繁栄の方向に進むが、ハリスを選べば、戦争と貧困の道しかない。それをほくそ笑みながら見ているのが英国守旧派だった。

しかし、幸いにしてトランプ政権が誕生したので、ウクライナ戦争も中東の紛争も解決の方向に向かうだろう。

原油・エネルギー価格の動向は

もう一つ、注目すべきは原油価格である。エネルギー生産の中心地・中東でこれだけ紛争が起きて、イスラエルとイランの本格戦争まで取り沙汰される中で、幸いなことに原油価格は上がっていない。

というのは、世界的に不況だからである。特にチャイナが大不況なので、石油エネルギーをあまり必要としていない。中東の原油価格は安いままだし、米国の天然ガスも安い。

逆に言えば、それだけ米国を中心とする世界経済が低迷しているのだ。景気がよければ、エネルギー消費量も増える。そういう意味でも、今のエネルギー状況は日本にとって幸いなことである。

とはいえ、今後、イスラエルがイランの油田にミサイルを撃ち込むこともあり得る。そうなれば、さすがに価格は高騰するだろう。イランがホルムズ海峡封鎖を言い出したら、それ以上に原油価格が上がるはずだ。

でも、それは現実的に起こりそうもない。現在の低価格状態が急に跳ね上がり、第3次石油ショックが発生することは考えられない。トランプの中東和平工作が動き出すからだ。むしろ、サウジアラビアのエネルギー大臣は「原油が1バレル50ドルを切り、石油暴落時代が来るのではないか」と、中東紛争の最中に心配しているぐらいだ。

7章

日本は国際社会の激流に耐えられるのか

——「キシバ政権」に日本の未来は託せない！

石破政権も〝グローバリスト〟財務省の言いなり？

では、日本はこれまで見てきた世界の激震に耐えられるのか？

石破政権の話をする前に、岸田政権がどういう政権であったか。ひと言でいえば「無国籍企業的グローバリスト」のための政権だった。そしてグローバリズムの背後にいるのが増税路線の財務省である。

安倍晋三元首相は「民主的ナショナリスト」の側にいる日本では数少ない政治家であり、それゆえに同じ「民主的ナショナリスト」であるトランプとも仲が良かったのだが、安倍派は解体されてしまった。

筆者は、安倍が暗殺された時点で、「無国籍企業的グローバリスト」と戦う政治家は日本におらず、安倍派はなし崩し的に草刈り場になっていくと見ていたが、まさにその通りになった。

つまり日本には〝戦う〟政治家はほとんどいないのだ。安倍派の政治家は、みな安倍を支えていたのではなく、安倍に支えられていた人たちばかりだったということが、よくわかった。安倍が倒れたら自民党内の「民主的ナショナリスト」勢力が激減してしまった。

麻生太郎も「無国籍企業的グローバリスト」側に引っ張られているが、基本的に日本の「民主的ナショナリズム」を守っていく立場だろう。しかし安倍ほど戦闘的ではない。安倍派が解体された代償は大きい。つまり、安倍と麻生がともに協力していたときは「民主的ナショナリズム」の力が強かったが、安倍派が解体された今、麻生も妥協せざるを得ない。

石破は、岸田という「無国籍企業的グローバリスト」政権を直接的に継承している。看板をかけ替えただけで、そのまま岸田路線を受け継ぐ。

特別に石破色があるわけではない。あの、だらだらとネチネチとした喋りで周囲をケムに巻くだけで、政策的な方向性は岸田と一緒である。そして財務省の言う通りに、岸田増税路線をそのまま歩もうとしている。

しかも石破は増税路線を堂々と公言している。増税を口にすれば財務省の後ろ盾が得られるので心強い。また、彼は「原発を限りなくゼロにする」などと曖昧に表現していたが、総裁選では一切放擲《ほうてき》し、原発推進派に変身してしまった。その結果、今回の総裁選立候補者は全員、原発推進派になったわけである。再生エネルギーを話題にしていた小泉進次郎と河野太郎も原発推進派に鞍替えした。

もっとも、小泉や河野がソーラーパネル云々と口にするのは、「独裁的ナショナリスト」であるチャイナの利権と結びついていたからである。ほかにもそういう勢力がかなりいて、もはや自民党内で「民主的ナショナリスト」を代表しているのは、かろうじて麻生太郎と高市早苗くらいしか残っていない。しかし、麻生と高市は安倍ほど旗幟鮮明《きしせんめい》にしているわけではなく、「民主的ナショナリスト」は全滅したと言ってもいいくらいである。

ＬＧＢＴＱ法や移民政策に対しては、高市は反対を鮮明にはしていたが、安倍のように決然と財務省と戦う力はない。その高市すら見事にひっくり返されたのが、２０２４年の自民党総裁選だった。

「キシバ政権」では日本の景気は浮上しない

前述したように石破政権は岸田の政策を受け継いでおり、岸田と石破の合わせ言葉で「キシバ政権」と言ってもいい。財務省の言いなりのグローバリストで増税推進派なので、残念ながら今後、日本の景気が良くなることは期待できない。

このところの石破の変節ぶりを見ると、彼の言葉は一切信じられないが、過去の発言内容から見て、「無国籍企業的グローバリスト」に基づく日本解体政策を進めるだろう。さらに悪いことに、石破には「隠れ左翼」の遺伝子が入っている。

まずは女系天皇容認。そして緊縮財政と増税推進。所得税も法人税も金融所得税もすべて増税する。次に選択的夫婦別姓に賛成。こんな形で、日本の家族制度、いや、世界中の伝統的保守の価値観の中心である「家族」を破壊する。また、移民国家化の推進もするだろう。以上が、キシバ政権の4大政策である。その黒子になるのが財務省を中心とする官僚たちだ。

そのように考えると、我が国の将来は暗い。

とにかく一刻も早く石破首相を退陣させるしかない。

２０２４年10月に総選挙が行なわれたが、国民の石破嫌いは予想以上上で、政権支持率は急落し、案の定、衆議院選挙で与党が過半数割れという大敗に終わった。

そもそも今回の選挙では、石破は安倍派の候補者の公認や小選挙区と比例代表の重複立候補を認めなかった。必然的に自民党で当選する議員の数は減る。実力のある自民党議員の当選を阻止することで過去の私怨を晴らすのが、石破の性格なのだろう。

党内の分裂で自民党は大敗し、それによって石破内閣の早期退陣の可能性も出てきた。

石破退陣となれば、次の総裁で移民国家化推進や選択的夫婦別姓賛成などの愚策は防止することができるかもしれない。

ところが、自公連立政権は大敗したが、石破は信じられないことに続投を宣言した。野党の一部を引き込み、延命策を図っているが、石破政権の寿命はすでに尽きている。

石破には憲法改正の意志はない

石破は「憲法9条改正が持論だ」と言うが、本気でやる気があるとは到底思えない。もちろん、憲法改正が急務であることは間違いないが、そんな大仕事ができるほどの国会での圧倒的多数が失われてしまった。

しかも、立憲をはじめ野党の多くは反対の姿勢であり、憲法審査会長には枝野幸男が決まった。枝野は護憲派であり、議論が進むとは考えられない。つまり、石破の改憲論は保守派を喜ばせるためのリップサービスに過ぎないのだ。

キシバ路線を実行するために、奇妙な与野党連携、グローバリスト連携、増税連携が水面下で画策されている。なんとも気持ちの悪い状態が進行しつつある。立憲の代表、野田佳彦も財務省のロボットで、増税論者である。

一日でも早く「民主的ナショナリスト」勢力を糾合することができない限り、日本の将来は暗い。

唯一の救いはトランプが返り咲いたことである。日米関係では米国が圧倒的に強い。石破といえども、そうやすやすとチャイナとつるむことはできない。安全保障の問題も米国が主導的に進めるだろうから、石破の日本破壊にも限界はある。

保守派の間では高市待望論の声が大きい。ただ、高市で一番危ういのは、サッチャー元英首相を尊敬している点だ。一種の英国崇拝論者のように見受けられる。英国守旧派からすれば、実に騙しやすい相手である。気をつけていただかないと、せっかくの保守派のホープが、また英国守旧派に操られることになりかねない。

彼女は松下政経塾の出身だが、ここの出身者は英国崇拝者が多いと聞く。大いに問題だ。

アメリカのハイテク兵器購入がもたらすメリット

トランプ政権誕生で日本人の多くが懸念するのが円安、ドル高の動きだろう。結論から言ってこの動きは止まらない。これは日本の輸出産業、特に自動車産業には有利に働く。

しかし、トランプは円安ドル高が進むのは望ましくないと考えている。米国の製造業にとってドル高は非常に不利だから、この円安を何とか防ぎたいと考えるのは無理もない。

しかし、日本の金利は当面上がっていかざるを得ない。植田和男日銀総裁のせいではなく、過去にマイナス金利にまでなったために、徐々に通常のレベルに戻さざるを得ない状態にあるからだ。日本の消費者物価上昇率は3％である。

金利が上がると、世間の期待とは逆に、日本の通貨は必ず弱くなる。これは日本の輸出産業には有利に働く。トランプがどんなに非難しても、もうそれは止めることができない。結果として、日本の対米貿易黒字は大幅に増えていく。

そこでトランプは何をやるかというと、日本に対して高関税をかけてくるだろう。あるいは高関税をかけない代わりに、日本の会社が米国で自動車をはじめ、いろいろな製品をつくることを要求するだろう。つまり製造業のアメリカ誘致だ。

トランプは米国の製造業を復活させるのが目的なので、必ずしも米企業でなくても米国内で製造すればいい、と考えている。日本の会社でも構わない。トヨタでもソニーでもホンダでも、とにかく米国に来て、モノをつくってくれる企業は大歓迎なのだ。無理やりでもいいから、工場を米国に設立しないと、もっと輸入関税をかけられることになる。

そこで日本側としては、日米貿易を均衡化する方策を考えるしかない。それは日本がモノを売るのを減らすのではなく、より多くを米国から買えばいいのだ。

もっとも効果的なのはアメリカの天然ガスの輸入だ。トランプは石油・天然ガス掘削推進論者なので、天然ガスと石油生産の規制緩和を一層進める。しかも国有地を開放してそこをリースし、エネルギー生産を拡大する方針も打ち出しているので、エネルギー価格は下がってくるはずだ。

安価なエネルギーが入手できれば、米国のインフレは収まる。あらゆる製品をつくるにはエネルギーが必要なので、それが下がればインフレが収束するのは自明の理である。

ただ、安くて大量の天然ガスといえども、短い距離なら天然ガスパイプラインで運ぶことができるが、長い距離だとそういうわけにはいかず、液化天然ガスにして運ぶ。

天然ガスはマイナス150度ぐらいで液化するので、それをタンカーに入れて日本に運ぶ方法をとれば、日本の対米貿易黒字は大幅に減ることになる。

ただ、現在は日本に持ってこようとすると、テキサスあたりからメキシコ湾を通ってパナマ運河経由で運ばなければならない。日数もかかるし、大型船になるとパナマ運河は通過できない。そこで一歩進んで、アメリカ西海岸に天然ガス輸出のための設備を建設すればよい。米国と合弁で日本が投資してもいいくらいだ。これを実行すれば、日米貿易は均衡し、対米関係は良好になる。太平洋航路なのでマラッカ海峡などの難所もない。タンカーは安全に航海できる。

もう一つの策は、ハイテク兵器の輸入だ。前述したように、米国の製造業の中心は国防産業である。そこで、最新鋭のジェット戦闘機や潜水艦の購入も有効だが、対米摩擦《まさつ》回避と国防上の有益性の一石二鳥を考え、トランプが提唱するアイアンドームの防衛システムそのものを日本にも導入するのだ。莫大な予算がかかるが、日米同盟の絆を強めるだけでなく、ロシアやチャイナ、北朝鮮のミサイルに対する防衛網構築という意味でも画期的である。

それと合わせて米国の巡航ミサイルを導入するのもいい。1基数億円なので1000発ほど購入し、チャイナや北朝鮮が日本にミサイルを撃ち込んできたら、すぐ報復できる態勢をつくる。これは大きな抑止力になるはずである。

安全保障の問題に関しては、米国でトランプ政権が誕生したので、トランプの日本に対する圧力に期待せざるを得ない。

日本が米国のハイテク兵器を買うことは、米国の雇用創出に直結する。すると、円安で日本の輸出産業が利益を増大させても、同時に日米貿易も均衡させることができる。そういう方向に両国間の経済をマネージメントしていけばいい。

そういう形で日本は対米貿易黒字を減らし、日米貿易を均衡させる方向に導いてゆく。日米貿易が均衡していれば、トランプは文句を言わない。そうすれば、日本の一方的な輸出によって日米関係が悪くなることは避けられるばかりか、日米台の共同防衛網の構築に役立つ。

対チャイナ抑止力をしっかり構築できれば、アジアでの戦争の危険は遠のく。

自民党初の反米政権の誕生

現在の石破は反トランプ外交を進めている。反米の習近平に媚《こ》びを売り、反トランプのスターマー英首相に近づいている。自民党歴代内閣の中で、初めての反米政権の誕生である。これではトランプから首脳会談を拒否されるのも当然である。この亡国外交を、マスコミは「対米自立外交」とほめそやすのであろう。

石破が頼るスターマー首相の背後にいるのは、言うまでもなく英国守旧派である。石破は彼らに操られて、亡国の「反トランプ外交」を推進している。

石破よ、堂々と靖國神社に参拝せよ

最後に石破首相に一つ申し伝えたいことがある。

石破首相の靖國神社を軽んじる姿勢に憤《いきどお》りを感じる。キリスト教徒だから参拝できないという説もあるが、それは屁理屈だ。

たとえば大平正芳《まさよし》元首相はカトリック教徒だったたが、靖國神社に参拝していた。大平は当時は田中角栄に近く親中派だったたが、チャイナにも堂々と、自分が神社を参拝していることを公言し、付き合っていた。靖國神社は、形式が神道というだけで、超宗教的な施設と言っていい。祀《まつ》られているのは英霊と言われる、日本のために生命を投げ出した方々であり、厳密には宗教と切り離して考えられる。

筆者は靖國神社に、世界ウイグル会議のラビア・カーディル代表をはじめ150人ぐらいのウイグル人と一緒にお参りしたこともある。その時、彼らは「ここはアジアを独立させるために戦った英雄たちが祀られているところだから尊い」と語っていた。

ラビア・カーディル女史はイスラム教徒だが、彼らの唯一神以外の神をここで拝むわけではないから、自分たちからすれば何の問題もない、とも言っていた。

筆者の友人でもある元イスラエル大使のエリ・コーヘン氏も大使時代に、イスラエルという国を代表して靖國神社に公式に4回も参拝し、大使退任以降も個人的に参拝している。彼はユダヤ教徒だが、宗教を超えて、英霊に敬意を表してくれている。靖國神社は国際的な追悼施設であり、日本という国を尊敬する人たちが来てくれる場所なのである。

日本が戦争に負け、米国に占領された時、靖國神社を廃止しようという動きがあったのだが、この時、廃止してはいけないと靖國神社を守ってくれたのはバチカンだった。

占領軍がバチカンに靖國神社廃止を言ったら、当時のローマ法王は「国を追悼する施設を破壊するのは最もやってはいけないことだ」と諫《いさ》めた。戦勝国が敗戦国に、そういう仕打ちをしてはいけないというのである。そのような歴史があることを石破も知れば、堂々と総理として参拝できるだろう。それができないなら、「亡国の総理」と言うほかはない。

藤井厳喜（ふじい　げんき）
1952年、東京都生まれ。国際政治学者。早稲田大学政治経済学部政治学科卒業。77～85年、アメリカ留学。クレアモント大学院政治学部（修士）を経て、ハーバード大学政治学部大学院助手、同大学国際問題研究所研究員。82年から近未来予測の「ケンブリッジ・フォーキャスト・レポート」発行。有料のオンライン情報サービス「ワールド・フォーキャスト」主宰。古田博司氏との共著『韓国・北朝鮮の悲劇 米中は全面対決へ』（ワック）、大統領公認本の監訳『トランプの真実』『国連の真実』（ダイレクト出版）、『最強兵器としての地政学』（ハート出版）など著書多数。
XやYouTubeでも活発に発信している。
https://twitter.com/GemkiFujii
https://www.youtube.com/@WorldForecast

藤井厳喜《ふじいげんき》フォーキャスト2025

2024年12月25日　初版発行
2025年３月23日　第５刷

著　者　藤井 厳喜

発行者　鈴木 隆一

発行所　ワック株式会社
東京都千代田区五番町 4-5　五番町コスモビル　〒102-0076
電話　03-5226-7622
http://web-wac.co.jp/

印刷製本　大日本印刷株式会社

ISBN978-4-89831-915-4